中国货币政策传导机制研究

——基于中国金融市场化进展的视角

张龙清　著

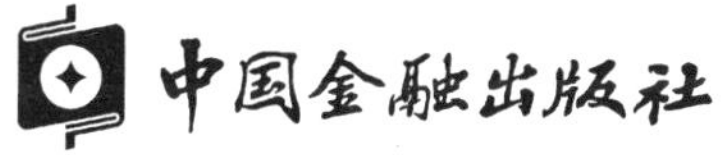

责任编辑：石 坚
责任校对：李俊英
责任印制：陈晓川

图书在版编目（CIP）数据

中国货币政策传导机制研究——基于中国金融市场化进展的视角（Zhongguo Huobi Zhengce Chuandao Jizhi Yanjiu——Jiyu Zhongguo Jinrong Shichanghua Jinzhan de Shijiao）/张龙清著. —北京：中国金融出版社，2013.7
ISBN 978-7-5049-6992-7

Ⅰ.①中… Ⅱ.①张… Ⅲ.①货币政策—研究—中国 Ⅳ.①F822.0

中国版本图书馆CIP数据核字（2013）第107521号

出版发行 中国金融出版社
社址 北京市丰台区益泽路2号
市场开发部 （010）63266347，63805472，63439533（传真）
网上书店 http://www.chinafph.com
（010）63286832，63365686（传真）
读者服务部 （010）66070833，62568380
邮编 100071
经销 新华书店
印刷 利兴印刷有限公司
尺寸 148毫米×210毫米
印张 7.375
字数 178千
版次 2013年7月第1版
印次 2013年7月第1次印刷
定价 26.00元
ISBN 978-7-5049-6992-7/F.6552

摘要

改革开放以来，我国的金融市场发生了巨大的变化。随着改革的不断深入，我国的金融市场变化步伐在未来的十年中很可能会进一步加速。由于金融市场是中央银行货币政策操作的平台，是货币政策传导的主要途径，金融市场的发展变化就必然会对货币政策传导的机制产生重大影响，进而影响货币政策的效果，包括货币政策时滞、传导中的广泛性和直接性以及货币政策效应等方面。对于金融市场发展变化对货币政策传导机制的影响，国内外的大多数相关研究都是围绕以下几个方面展开：一是金融市场发展的某一个单一方面（如金融产品创新）或某一个特定市场（如股票市场）与货币政策传导机制之间的关系；二是金融市场发展某个单一方面的某个要素（如金融产品创新中的资产证券化）与货币政策传导机制之间的关系；三是金融市场发展与货币政策传导的某一个或两个特定渠道之间的关系。总的来说，这些研究都停留在单一的金融市场发展与单一的渠道上面。而本书是在系统概括总结金融市场总体发展状况的基础上主要分析了对货币政策传导机制整体效应的影响，强调整体效果。另外，针对我国货币政策传导机制的特点，重点分析了金融市场发展条件下我国利率渠道和信贷渠道的货币政策传导机制的运作和发展变化。

本书通过对货币政策传导机制的理论研究和对我国金融市场发展情况的总结概括，从文献研究和实证研究角度分析了金融市场发展对我国货币政策传导机制的影响。本书从货币政策传导机制的内涵入手，分析概述了当前货币政策传导机制的主流观点、货币传导渠道理论、货币政策传导机制研究方法以及我国货币政策传导机制的特点和研究现状。进而概括总结我国金融市场的发展情况，尤其是自 1990 年以来金融市场各方面的发展历程，包括金融自由化、金融产品创新、金融技术创新、金融整合、金融系统深化和结构性变化等方面。再从已有研究成果中总结分析金融市场发展对于货币政策传导机制的影响，包括金融市场整体发展情况对利率渠道、资产价格渠道、信贷渠道、汇率渠道、预期渠道以及货币传导机制整体效应的影响，金融市场发展的各个方面对利率渠道、信贷渠道和货币政策传导整体效应的影响，以及金融市场发展对货币政策传导机制的整体影响情况。最后运用单位根检验、协整检验、格兰杰因果检验、向量自回归 VAR、脉冲响应函数、Quandt – Andrews 未知断点检验等计量经济学方法，就金融市场发展对我国货币政策传导机制的影响进行实证研究。

本书强调整体效应和我国货币政策传导的重要渠道——利率渠道和信贷渠道。在研究过程中综合运用了定性研究与定量研究相结合、历史研究和现实研究穿插、横向和纵向对比研究等方法，分析时注重系统全面、联系发展地看问题。通过研究得出以下主要结论：我国的货币政策传导机制在 1997 年底到 2003 年发生了相对显著的结构性变化。随着我国金融自由化的不断深入、持续进行金融产品和金融技术创新、金融整合的不断发展和金融市场进一步深化，我国货币政策传导的整体效应、利率渠道传导效应和信贷渠道传导效应都在不断增强，且信贷渠道的传导效应相对利率渠道在逐渐削弱。同时，货币政策传导的整体效应和利率渠道货币政策传导效应的持续时间在增强，而信贷渠道货币政策传导效应的持续时间有缩短趋势。就货币政策传导的整体效应而言，针对 1992 年第一季度至 2009 年第一季度所有样本建立模型时，利率变量采用名义利率时模型会更加稳定；而采用实际利率模型进行阶段性建模对比分析更符合现实情况，且分析结果显示 2003 年第一季度至 2009 年第一季度阶段相对于 1998 年第一季度至 2002 年第四季度阶段货币政策传导的整体效应大约增强了两倍。利率渠道中，货币供应量 M_2 增长率的长期冲击效力和长期贷款利率的冲击效力在持续增强；货币供应量 M_2 增长率的短期冲击效力和短期利率的短期冲击效力在第二阶段即 1997 年第四季度至 2002 年第四季度最弱，在第三阶段即 2003 年第一季度至 2009 年第一季度有所提高；中长期债券利率的冲击效力在第三阶段 2003 年第一季度至 2009 年第一季度时最弱，在第二阶段 1997 年第四季度至 2002 年第四季度时最强；影响经济增长的主要变量由 M_2 增长率和短期利率逐渐转移到 M_2 增长率和长期贷款利率；影响物价水平的主要变量由短期利率逐渐转移到长期贷款利率；长期贷款利率在任何阶段对实体经济的冲击影响不论从短期还是长期看来都是正向的；中长期债券利率在任何阶段对经济增长的冲击影响不论从短期还是长期看来都是负向的。信贷渠道中，货币供应量 M_2 增长率的短期冲击效力在持续增强；货币供应量 M_2 增长率的长期冲击效力和各项贷款增长率的冲击效力均是在第三阶段即 2003 年第一季度至 2009 年第一季度最强，而在第二阶段最弱；影响经济增长和物价水平的主要变量是各项贷款增长率而非 M_2 增长率。

在上述研究结论的基础上，本书提出货币当局在制定货币政策调整实体经济时，需要更加重视利率渠道的作用，注重利率政策工具的应用，同时也不能放松对信贷渠道的监控。在关注利率工具时，需要更加注重市场实际利率、长期贷款利率的作用，更多地以实际利率为货币政策制定的参考目标。

通过本书对当前货币政策传导机制的主流观点、国内外货币政策传导机制理论的回顾并概括其研究现状，有利于了解我国当前的货币政策传导机制的运作方式以及与国外相比在实践上和研究理论上存在的不足，从而促进我国积极发展、改进和完善在货币政策传导机制方面的研究和实践。通过研究我国金融市场发展对货币政策传导机制的影响，有利于了解在不同金融市场发展阶段我国货币政策传导机制的作用过程、作用机制以及主要的中介目标，从而通过制定货币政策影响中介目标，以实现稳定价格、促进实体经济增长、充分就业、国际收支平衡的最终目标，进而促进我国经济持续、协调、快速、健康发展。同时也有利于了解金融市场变化对货币政策传导机制的影响程度，从而通过制定金融市场发展政策或措施来影响货币政策传导，使我国货币、金融和实体经济得以有机地联系在一起。另外，通过本书研究强化针对我国货币政策传导机制的研究理论和实践，丰富促进国民经济加快发展的理论基础。

Abstract

Since reform and opening up to outside world, the economy of China has gradually transformed from a planned economy to a market economy and the financial market development in China has also made important progress. With the continuous development of the economy, the pace of change for China's financial markets is likely to further accelerate in the next 10 years.

Financial markets play an extremely important role in the monetary transmission process. Central banks implement the ation of monetary policy mainly through the market, commercial banks and other financial institutions understand central bank control of monetary policy intentions through the market; businesses, residents and other non-financial sector of economic actors accept the financial institut-ions' regulation of the capital supply and in turn affect their investment and consumption behaviour through market interest rates changes; social changes of the economic variables are also feedback through the market, and impact the behaviour of the central bank and the financial institutions. Therefore, the development and changes in financial markets is bound to have a significant impact on the monetary policy transmission mechanisms, thereby affecting the effectiveness of monetary policy, including time-delay, extensive and direct characters and effects of monetary policy, and so on.

The most relevant studies at home and abroad carried out around the following aspects. First, relations between a single area (such as the financial product innovation) of the financial markets development or a specific market (such as the stock market) and the monetary policy transmission mechanism. Second, relationship between some element (such as the financial product innovation in the asset securitization) of a single aspect in financial market developments and the monetary policy transmission mechanism. The third is relationship between the development of financial markets and the monetary policy transmission separated in one or two specific channels. Overall, the studies remain in the single financial market development and the single channel. This paper systematically summarized the overall development of financial markets, on the base of which the paper mainly analysed the effect to the monetary policy transmission mechanism, emphasizing the overall effect. In addition, considering the China's characteristics of monetary policy transmission mechanism, the paper focused on the development and changes in the operation of monetary policy transmission mechanism for interest rate and credit channels under the condition of financial markets development.

Based on theoretical research on the monetary policy transmission mechanism and summary of the China's financial market development, the paper analysed the impact of China's financial market development to its monetary policy transmission-mechanism through literature research and empirical research. The paper started with the connotation of the monetary policy transmission mechanism, analyzing and providing an overview of the current mainstream views of monetary policy transmission mechanism, the theory of monetary transmission channels, research methods of monetary policy transmission mechanism, as well as the characteristics of China monetary policy transmission mechanism and the status quoin of study, then summarized the development of China's financial markets, particularly all aspects of financial markets development progress since 1990, including financial liberalization, financial product innovation, financial technology innovation, financial integration, financial system deepening, structural changes, and so on. Later the paper summarized and analysed the impacts of development of financial markets for monetary policy transmission mechanism from the previous research results, including the impacts of the overall development of financial markets to the interest rate channel, the asset price channel, credit channel, exchange rate channel, expected channeland the overall effect of monetary transmission mechanism, as well as the impacts of each aspect of financial market development to the interest rate channel, credit channel and the overall effect of monetary policy transmission, and the overall impacts of the overall financial markets development to monetary policy transmission mechanism of the impact of the situation. Finally, the paper adopt econometrics such as unit root test, cointegration tests, Granger causality test, vector autoregressive VAR, impulse response function, Quandt-Andrews unknown breakpoint test methods to do an empirical study of the impact of China's financial markets development to monetary policy transmission mechanism.

The paper emphasized the overall effect and China's important monetary policy transmission channel – the interest rate channel and credit channel. In the course of the study, the paper combined the qualitative and quantitative research, interspersed historical research and practical research, introduced horizontal and vertical comparative study, and focused on a complete linked vision to analyse the subject. As a result of research, the paper get the following main conclusions: China's monetary policy transmission mechanism occurred relatively significant structural changes from end of 1997 to beginning of 2003. Along with the deepening of financial liberalization, ongoing financial products and technology innovation, continuous development of financial integration and the further deepening of financial markets, the overall effect, the interest rate channel and credit channel effects of monetary policy transmission is continuously enhancing, even the effectiveness of the credit channel gradually weaken relative to interest rates channel. At the same time, the duration of the overall effects of monetary policy transmission and interest rates channel is increasing, while the duration of the credit channel of monetary policy transmission effects have gradually shortened. In terms of the overall effect of monetary policy transmission, nominal interest rates variable adopted in the estimated model based on all samples (i. e. 1992Q1—2009Q1) will be more stable; while real interest rates adopted in the stage comparative analysis model is more in line with the actual situation, and the analysis results showed that phase 2003Q1—2009Q1 enhance the overall effect of monetary policy transmission of approximately more than tripled compared to 1998Q1—2002Q4 stage. For interest rate channel, the impact of M_2 growth rate in the long - term and the impact of long - term lending rate is continuing to enhance; the impact of M_2 growth rate in the short - term and short - term impact of short - term interest rates is the weakest in the second stage 1997Q4—2002Q4, and increase in the third stage 2003Q1—2009Q1; the effectiveness of the mid - long term bond interest rate is the weakest in the third stage 2003Q1—2009Q, and is the strongest in the second phase 1997Q4—2002Q4; The main variables of impact on economic growth gradually transferred from the M_2 growth rate and short - term interest rates to the M_2 growth rate and long - term lending rate; the main variables of impact on price level gradually shifted from the short - term interest rates to long - term lending rates; the impulse of long - term lending rate at any stage to the real economy is positive, regardless short - term or long - term; the impulse of mid - long term bond interest rates at any stage to the economic growth is negative, whether in the short or long run time. For the credit channel, the short - term impact of M_2 growth rate is continuing to enhance; the long - term impact of M_2 growth rate and impact of the loans growth rate is the strongest in the third stage 2003Q1—2009Q1, while in the second phase is the weakest; the main variable impact on economic growth and price level is the growth rate of the loans rather than the growth rate of M_2.

Based on the study conclusion above - mentioned, the paper presents that the monetary authorities need to pay more attention to the role of the interest rate channel, focusing on interest rate policy tools, but also can not let up of monitoring of credit channel in the process of monetary policy formulation to adjust the real economy. Concerning about the interest rates tool, it is neccesary to pay more attention to the market real interest rates, the role of long – term lending rates, and put real interest rates as the reference target more in the course of monetary policy formulation.

According to summarize the mainstream views, the general theory both in domestic and international, and research status of monetary policy transmission mechanism, it will help to understand China's current operateing ways of monetary policy transmission mechanism, as well as deficiencies compared with foreign countries in practice and theory research, so as to promote the positive development of our country, improve and perfect the transmission mechanism of monetary policy in research and practice. Through researches on the impact of China's financial markets development to monetary policy transmission mechanism, it is conducive to a better understanding of the process, mechanism and main intermediary goals of monetary policy transmission, so as to make appropriate monetary policy to impact the intermediate targets, further to achieve the ultimate goal of price stability, economy growth, full employment and the international payments balance, thereby promoting the economy's sustained, coordinated, rapid and healthy development; At the same time it also help to understand the impact degree of changes in the financial markets to monetary policy transmission mechanism, thus develop policies or measures about financial markets to influent the monetary policy transmission, so that organically link China's monetary, financial and real economy together. In addition, this study aimed at strengthening the theory and practice of China's monetary policy transmission mechanism, thus it can enrich the theoretical basis of national economy speeding up.

目　　录

第1章　前言

第2章 货币政策传导机制理论概述

第3章 金融市场发展对货币政策传导的影响

第4章　我国金融市场的演变与发展现状

第5章 基于VAR模型的实证研究

第1章

前　言

1.1 问题提出的背景及其研究目的和意义

1.1.1 问题提出的背景

本书研究的主要目标是要确定我国金融市场发展对货币政策传导机制的影响。这项研究的最初动机基于这样一个事实，即在过去十多年中我国的金融市场发生了巨大的变化，而且变化的步伐在未来的十年中很可能加速。鉴于货币政策主要通过金融市场来传导并作用于实体经济，因此，金融市场的一些变化可能对货币政策传导机制产生重大影响，从而影响货币政策对经济的调控效果。

改革开放以来，为完善货币政策传导机制，为金融宏观调控提供基础性条件，我国不断推动金融市场发展。一是发展货币市场，规范市场行为。同业拆借市场、票据贴现市场和国债回购市场不断发展，并逐步走向规范，为利率市场化和中央银行实施间接调控方式的改革奠定了良好的基础。二是依托银行间债券市场大力推动直接融资发展。三是大力发展外汇市场，配合人民币汇率形成机制改革，为金融机构、企业提供多样化的汇率避险工具，积极发展人民币汇率衍生品。四是创新金融产品，丰富交易品种。五是大力培育和发展机构投资者，金融市场参与主体日益多元化。六是加强金融市场基础性建设。总之，我国金融市场平稳健康快速发展，已经逐渐形成了一个交易场所多层次、交易品种多样化和交易机制多元化的金融市场体系，金融市场的广度和深度得到了有效扩展。与此同时，经过三十多年的改革开放，金融机构的经营理念和经营模式明显得以改进，内控机制和管理能力不断得到增强，财务状况根本好转，对货币政策调整的敏感性不断增强。

伴随着上述金融市场的不断发展，我国的货币政策传导机制可能发生怎样的变化，货币政策传导的速度和强度是否会改变，我国传统的货币政策传导渠道是否继续发挥主导作用等这些金融市场发展对货币政策传导机制的影响问题都是十分值得研究的。无论是理论上还是实际上，本研究对检验现有的有关货币政策传导机制理论，对我国货币政策传导机制的实际发展，对发现我国是否有独特的金融市场发展与货币政策传导机制的规律，制定正确的金融市场发展政策和货币政策，都有一定的参考价值。

1.1.2 研究意义

本书的研究主要有以下重要意义：

（1）通过研究当前货币政策传导机制的主流观点、国内外货币政策传导机制理论并概括其研究现状，有利于了解我国当前的货币政策传导机制的运作方式以及与国外相比在实践上和研究理论上存在的不足，从而促进我国积极发展、改进和完善在货币政策传导机制方面的研究和实践。

（2）通过研究我国金融市场发展对货币政策传导机制的影响，有利于了解不同金融市场发展阶段我国货币政策传导机制的作用过程、作用机制以及主要的中介目标，从而通过制定货币政策影响中介目标，以实现稳定价格、促进实体经济增长、充分就业、国际收支平衡的最终目标，进而促进我国经济持续、协调、快速、健康发展。同时也有利于了解金融市场变化对货币政策传导机制的影响程度，从而通过制定金融市场发展政策或措施来影响货币政策传导，使我国货币、金融和实体经济得以有机地联系在一起。

(3) 通过本书研究强化针对我国货币政策传导机制的研究理论和实践，丰富促进国民经济加快发展的理论基础。自改革开放以来，特别是20世纪90年代以来，随着我国金融业的发展，我国金融理论研究日益丰富和完善，但对于货币政策传导机制的研究起步较晚，大概是在20世纪90年代初才有所研究，在1998年治理通货紧缩失效的背景下才重点展开，研究历史较短，研究成果也相对较少。因此本书希望通过研究金融市场发展对我国货币政策传导机制的影响为我国货币政策传导机制研究的发展贡献一份绵薄之力。从金融市场发展这个角度展开探讨货币政策传导机制，找出它们之间的内在关系，不仅对当前的货币政策制定有指导意义，更为重要的是可以指出货币政策传导机制变动的规律、方向和未来的结构特征，对我国这个处于不断变动的转型经济体来说，无疑意义更为深远，使研究成果的指导价值更具普遍性。

1.1.3 研究目的

本书通过对货币政策传导机制的理论研究和对我国金融市场发展情况的总结论述，从理论研究和实证研究角度分析金融市场发展对我国货币政策传导机制的影响，以达到如下目的:

(1) 从总体上了解当前货币政策传导机制的主流观点，学习国内外货币政策传导机制理论并概括其研究现状。

(2) 明确我国金融市场发展情况，尤其是自1990年以来金融市场各方面的发展历程。

(3) 分析总结了金融市场发展对我国货币政策传导机制的影响，包括对货币政策传导整体效应的影响和对利率、信贷渠道传导效应的影响。弄清楚金融市场发展与货币政策传导机制的相关性究竟有多大，金融市场发展对其影响的范围、持续时间以及相应的影响强度有多大。

（4）揭示金融市场发展与货币政策传导机制变化的内在联系，归纳出货币政策传导机制伴随金融市场发展而变化的内在规律，以及不同金融市场阶段货币政策传导机制的本质和内在机理。

1.2 研究思路、研究方法及技术路线

1.2.1 研究思路

为了使研究具有学理上的统一性和可探讨性，本书在研究过程中严格遵循马克思主义历史和逻辑相统一的思路，即整体、系统、发展和辩证的研究思路，因此，在研究中从货币政策传导机制的整体结构解析入手，不拘泥于传统理论对货币政策传导机制单个货币政策工具运作或单个渠道作用机制的分析。对金融市场发展的研究也是如此，整体考虑而不局限于某一个单一的方面。在此基础上本书把对货币政策传导机制的研究放在对整个金融市场发展变化本身研究中进行分析，系统、深入和全面地探悉了我国的货币政策传导机制，揭示了我国货币政策传导机制的内在机理和发展变化规律。

本书以此为目的并试图沿着以下思路进行研究：

首先对本书所要研究的核心概念——货币政策传导机制的内涵进行界定，对其理论背景及国内外的研究现状进行回顾和梳理。在此基础上分析当前货币政策传导机制的主流观点、货币传导渠道理论、货币政策传导机制研究方法以及我国货币政策传导机制的特点和研究现状。

然后在上述理论的支撑下，从已有研究成果中总结分析金

融市场发展对于货币政策传导机制的影响，包括金融市场整体发展情况对单一渠道（分别从利率渠道、资产价格渠道、信贷渠道、汇率渠道和预期渠道五个方面阐述）的影响，金融市场发展的各个方面对利率渠道、信贷渠道和货币政策传导整体效应的影响，以及金融市场整体发展情况对货币政策传导整体效应的影响情况。

接着论证总结我国金融市场的演变与发展情况，尤其是自1990年以来金融市场各方面的发展历程，包括金融自由化、金融产品创新、金融技术创新、金融整合、金融系统深化和结构性变化等方面。

接下来在上述研究的基础上，再运用单位根检验、协整检验、格兰杰因果检验、向量自回归VAR、脉冲响应函数、Quandt－Andrews未知断点检验等计量经济学方法，就金融市场发展对我国货币政策传导机制的影响进行实证研究。

最后，综合理论研究、现实研究、经验研究和实证研究的结果，总结研究结论，进而为我国货币政策中介目标的选取和货币政策有效性的提高提供建设性意见。

1.2.2　研究内容

本书共分为六个部分，主要内容如下：

第一部分　前言

内容包括：本书研究问题提出的背景、研究目的和意义，本书研究思路、方法和技术路线，本书研究的创新点以及本书的框架结构。

第二部分　货币政策传导机制的理论梳理

内容包括：①货币政策传导机制的内涵界定；②当前货币政策传导机制的主流观点；③货币政策传导渠道理论概述，包括传导渠道理论发展过程、各传导渠道的作用机制和传导渠道之间的联系；④货币政策传导机制研究方法综述；⑤我国货币政策传导机制概述，包括我国货币政策传导机制历史演变、我国起主导作用的货币政策传导渠道和我国各种货币政策传导渠道的问题。

第三部分　金融市场发展对货币政策传导机制的文献综述

内容包括：①金融市场发展对利率传导渠道的影响分析；②金融市场发展对信贷渠道的影响分析；③金融市场发展对资产价格渠道的影响分析；④金融市场发展对汇率渠道的影响分析；⑤金融市场发展对预期渠道的影响分析；⑥金融市场发展对货币政策传导机制整体效应的影响分析。

第四部分　中国金融市场的演变与发展现状

内容包括：①金融自由化的发展，主要讨论撤销利率管制和资本账户自由化；②金融产品创新的发展，主要讨论衍生工具、资产证券化、互助基金和商业银行理财；③金融技术创新的发展，主要讨论电子货币和网络银行；④金融整合的发展；⑤金融非中介化的发展。

第五部分　我国金融市场发展对货币政策传导机制影响的实证研究

内容包括：①VAR 模型及其在货币政策传导研究中的应用情况；②货币政策传导机制整体效应 VAR 模型及脉冲响应分析；③利率渠道 VAR 模型及脉冲响应分析；④信贷渠道 VAR 模型及脉冲响应分析；⑤利率渠道与信贷渠道对比；⑥实证研究小结。

第六部分　研究结论

内容包括：在对全文总结的基础上，对本书的主要结论及创新之处进行概述，同时指出本书研究的不足之处，以及今后进一步研究的方向。

1.2.3 研究方法

任何研究都必须选择切实可行、符合研究内容要求的研究方法。本书采用了三种主要的研究方法。

第一种方法是理论研究。包括货币政策传导机制的相关理论、金融市场发展的相关理论和金融市场发展与货币政策传导机制关系的相关理论，为后续研究夯实理论基础。

第二种方法是相关文献研究。主要是通过研究与论文相关主题有关的已有研究成果（涵盖国内外），试图总结金融市场发展对于货币政策传导机制来说意味着什么，从多个角度分析金融市场发展对于货币政策传导机制的影响。

第三种方法是实证研究。在实证分析中，保持数据可靠、方法实用、手段流行，基本上采用的是时间序列分析，对时间序列进行单位根检验、协整检验、格兰杰因果检验，建立VAR模型和进行脉冲响应分析，讨论了我国货币政策传导机制的运行状况。另外还采用Quandt－Andrews未知断点检验方法将样本数据分为三个阶段比较研究，论述了我国金融市场变化对货币政策传导机制的影响。

除了以上方法外，本书还综合运用了定性研究与定量研究相结合、历史研究和现实研究穿插、横向和纵向对比研究等方法。

1.2.4 研究技术路线

本书研究技术路线如图1－1所示：

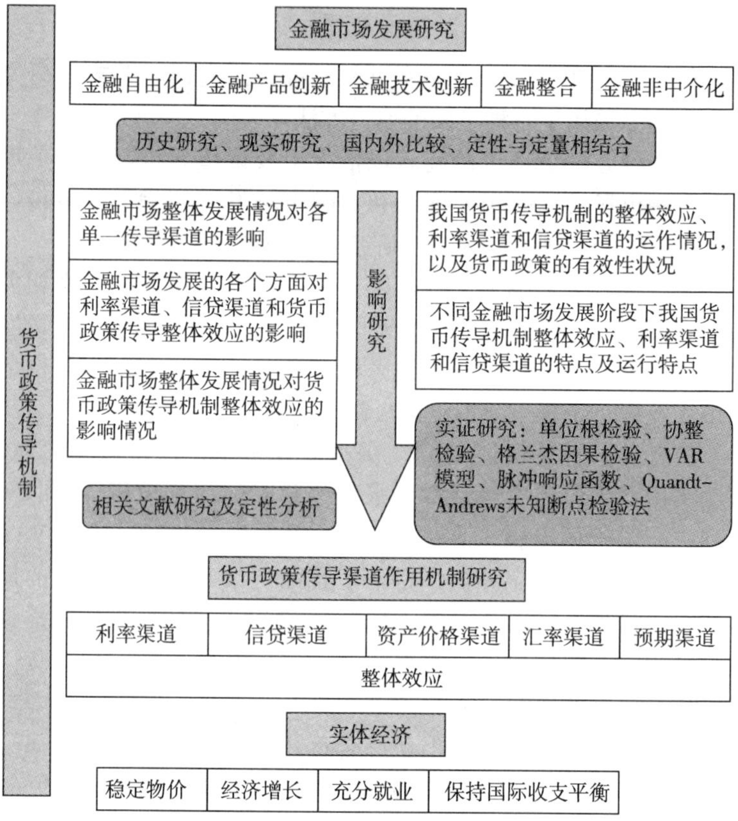

货币政策传导机制

金融市场发展研究

金融自由化 | 金融产品创新 | 金融技术创新 | 金融整合 | 金融非中介化

历史研究、现实研究、国内外比较、定性与定量相结合

金融市场整体发展情况对各单一传导渠道的影响

金融市场发展的各个方面对利率渠道、信贷渠道和货币政策传导整体效应的影响

金融市场整体发展情况对货币政策传导机制整体效应的影响情况

影响研究

我国货币传导机制的整体效应、利率渠道和信贷渠道的运作情况，以及货币政策的有效性状况

不同金融市场发展阶段下我国货币传导机制整体效应、利率渠道和信贷渠道的特点及运行特点

相关文献研究及定性分析

实证研究：单位根检验、协整检验、格兰杰因果检验、VAR模型、脉冲响应函数、Quandt-Andrews未知断点检验法

货币政策传导渠道作用机制研究

利率渠道 | 信贷渠道 | 资产价格渠道 | 汇率渠道 | 预期渠道

整体效应

实体经济

稳定物价 | 经济增长 | 充分就业 | 保持国际收支平衡

图 1－1　研究技术路线

1.3　创新点

本书的特色与创新点主要表现为以下几个方面：

（1）研究思路的创新

国内外的大多数相关研究都是围绕以下几个方面展开：一是金融市场发展的某一个单一方面（如金融产品创新）或某一个特定市场（如股票市场）与货币政策传导机制之间的关系；二是金融市场发展某个单一方面的某个要素（如金融产品创新中的资产证券化）与货币政策传导机制之间的关系；三是金融市场发展与货币政策传导的某一个或两个特定渠道之间的关系。总的来说，这些研究都停留在单一的金融市场发展与单一的渠道上面。而本书是在系统概括总结金融市场总体发展状况的基础上主要分析了金融市场发展对货币政策传导机制整体效应的影响，强调整体效果。另外，针对我国货币政策传导机制的特点，重点分析了金融市场发展条件下我国利率渠道和信贷渠道的货币政策传导机制的运作和发展变化。

（2）研究内容的创新

本书对我国金融市场发展状况的分析全面系统，包括对金融自由化、金融产品创新、金融技术创新、金融整合和金融非中介化等角度，系统地总结了自20世纪90年代以来，我国金融市场发展所取得的主要成果。在分析过程中对我国金融市场发展各方面的分析轻重适度，最大限度地避免了片面效应和不能抓住主要矛盾的错误。

本书比较全面细致地分析论述了金融市场发展对货币政策传导机制的影响。首先从经验研究的角度分别分析了已有研究成果中金融市场整体发展情况分别对利率渠道、资产价格渠道、信贷渠道、汇率渠道和预期渠道这五个单一渠道的影响情况，又分别分析了金融市场发展的各个方面对利率渠道、信贷渠道和货币政策传导整体效应的影响，还总结了金融市场整体发展情况对货币政策传导机制整体效应的影响情况。然后从实证研究的角度论证了金融市场发展对货币政策传导整体效应利率渠道和信贷渠道的影响。

（3）研究方法的创新

用单位根检验、格兰杰因果检验、协整检验、VAR 模型和脉冲响应函数等计量经济学方法论证了我国货币政策传导机制的运作情况，结合金融市场发展情况分析了我国的货币政策传导机制，确定了我国货币政策的中介目标在现阶段仍然定为市场利率较为适宜。

另外，本书还采用 Quandt - Andrews 未知断点检验方法寻找我国货币政策传导机制的结构断点，进而分三个阶段分析了我国金融市场发展各阶段的货币政策传导机制运行特点。

（4）研究对象的创新

本书将重点放在我国这样一个新兴市场的背景下，为研究提供了一个特殊的制度与社会经济环境，通过对我国数据的统计分析，有针对性地提出政策改进建议。当前许多货币政策传导机制的研究工作是在西方金融发达国家开展的，对于它们的研究成果，我们可以获得重要的借鉴，毕竟西方金融市场的某些特征已经出现在我们的金融体系，或者有些变化在未来我国的金融市场中会出现。

第2章

货币政策传导机制理论概述

货币政策传导机制是金融学的中心问题之一，也是货币政策理论的核心内容。学术界对货币政策传导机制还没有统一的定义。有些学者认为货币政策传导机制是指货币政策与实体经济的内在联系：弗里德曼（1963）认为，货币政策传导机制是指货币政策影响实体经济的方式或机制；德国学者 Issing（1993）将各种货币政策手段的运用与真实领域（投资、消费、就业、实际国民收入）和价格水平的变化之间存在着作用传递的内在联系称为货币政策传导机制。有些学者则把货币政策传导机制看做货币政策传导到实体经济的过程和途径：John B. Taylor（1995）认为，货币政策传导机制是货币政策转化为真实 GDP 和通货膨胀变动的过程。萨缪尔森和诺德豪斯（1999）在《宏观经济学》第十六版中定义货币政策传导机制为“从货币供应量变动传导到产出、就业、价格以及通货膨胀的途径”；帕迪莫斯和莫迪利安尼（2002）则认为“货币政策传导机制是货币影响实际及名义量值的渠道和机制”。我国学者对货币政策传导机制的认识和定义主要有：范从来和姜宁（2000）认为“所谓货币政策的传导机制，是运用一定的货币政策工具，引起社会经济生活的某些变化，其作用和影响首先是实现货币政策的中介指标的要求，由近期指标至远期指标，最终实现既定的货币政策目标的传递过程”；索彦峰（2008）认为标准的货币政策传导机制应该包括货币政策变量、中间变量和最终目标变量三个环节，货币政策传导机制就是将上述环节有机地联系起来的作用机制；吴晓灵（2008）认为货币政策传导机制是指中央银行根据货币政策目标，运用货币政策工具，通过金融机构的经营活动和金融市场传导至企业和居民，对其生产、投资和消费等行为产生影响的过程。张云等（2009）支持“货币政策传导机制指中央银行确定货币政策目标后，从选用货币政策工具并付诸实施到实现最终目标之间，所经历的各种中间环节相互之间的有机联系及因果关系的总和”的定义。

虽然货币政策传导机制还没有一个统一的标准定义，但概括来讲，本书认为，货币政策传导机制是指货币政策冲击如何通过金融系统系统来影响微观经济主体的消费和投资行为，从而导致宏观经济总量发生变化的一整套机制理论。在明确货币政策传导机制的定义后，本书要基于金融市场发展视角对货币政策传导机制进行研究，必须在以下几大前提下进行：一是必须要掌握货币政策传导机制的基本理论；二是要把握当前货币政策传导机制的主流观点；三是要了解货币政策传导机制研究的主要方法。另外，由于本文研究的核心目标是要分析总结出金融市场发展对我国货币政策传导机制的影响情况，尤其是对利率、信贷渠道传导效应的影响和对货币政策传导整体效应的影响情况。因此，对货币政策传导机制研究的核心在于研究货币政策的传导渠道和传导过程。鉴于以上原因，本章分别对货币政策传导机制主流观点、货币政策传导渠道理论、货币政策传导机制研究方法三个方面进行了概述，另外还对我国货币政策传导机制的历史演变、起主导作用的传导渠道和目前各种货币政策传导渠道的问题进行了概述。研究货币政策传导机制的各个传导环节应建立在对货币政策传导过程的理解之上。货币政策传导理论核心即是研究货币政策的传导渠道和传导过程。

2.1 货币政策传导机制主流观点概述

米什金于1995年为美国《经济学展望》杂志编辑的一期专辑（Mishikin，1995）中邀请了几位代表性人物，对货币政策传导机制的三种主流理论进行了系统阐述。泰勒（Taylor）

坚持传统的凯恩斯主义观点，强调货币资金利率的作用，认为货币政策变化，引起短期市场利率变化，经由市场预期作用，影响长期利率，进而影响实际投资，最终影响产出；梅尔泽（Meltzer）强调货币主义观点，认为货币政策变化，引起普遍的资产价格调整，通过“托宾 q 效应”影响投资，通过“财富效应”影响消费，最终影响产出；伯南克（Bernanke）则提出了新的信贷观点，认为货币政策变化，影响资产价格，影响企业和银行的净价值，进而影响经济中的信贷规模，最终影响产出（瞿强，2008）。下文分别对三种主流观点进行阐述。

2.1.1 传统凯恩斯主义观点

传统凯恩斯主义观点认为，利率是整个货币政策传导机制的核心。早期的凯恩斯主义强调通过运用货币政策影响市场利率，进而影响投资和储蓄，使经济发展状况和物价水平得以改变。1936 年凯恩斯在《就业、利息和货币通论》中分析认为货币政策影响经济活动的传导过程是经由利率和有效需求的变动而完成的，尤其强调利率的“跳板”作用。在面临货币主义的非议时，许多凯恩斯的信徒提出了货币影响收入的许多新途径，如最有特色的托宾的“q”理论和莫迪利安尼的“生命周期理论”。“q”理论坚持凯恩斯货币供给通过利率影响收入的基本观点，强调货币政策传导过程中影响货币政策效率的价格和利率结构变化这两个重要因素。“生命周期理论”补充了货币供给变化对私人消费量的影响，利率依然被认为是货币政策传导的首要环节。

传统凯恩斯主义观点比较重视短期，聚焦于商品市场，不仅论述货币供给和货币需求，而且论述边际消费倾向和投资的边际效率。

2.1.2 货币主义观点

货币主义观点不重视利率在传导机制中的作用，货币主义观点的核心是货币数量论。以弗里德曼为代表的货币学派重新诠释了货币数量论：认为货币是唯一重要的因素；货币供给量的变化所影响的不仅仅是投资还应该有消费。货币主义观点是一种“黑箱”理论，货币供给的变动以非常多即非常复杂的方式影响支出，要一一找出它们是徒劳的，转而关注货币和收入这两个变量在变动时间上的先后规律，判定二者之间的关系。

货币主义者勃伦纳和梅泽尔强调从更广的相对价格角度来理解货币政策传导机制。为了表明相对价格的相互作用，货币主义的模型中至少有三类资产：货币、债券或证券以及实际资本存量。家庭在这三种资产中选择最优组合，所有资产在投资组合中都是替代品，但不是完全替代品。

货币主义观点比较重视长期，聚焦于货币市场，着重论述货币供给和货币需求，边际消费倾向和投资的边际效率只是当做影响货币供给和需求的因素间接引入分析。

2.1.3 信贷观点

信贷观点是西方学者在20世纪50年代随着信息经济学的发展而提出的，但直到20世纪80年代以后这一新理论才被广泛注意到，并引发了西方学者在20世纪80年代和20世纪90年代的新一轮争论，其中著名的有均衡信贷配给理论（Stiglitz和Weiss，1981）和CC－LM模型（Bernanke和Blinder，1988）。

信贷观点强调在货币政策传导机制中金融资产和负债所扮演的特殊角色，不同意将所有的非货币资产统一地归为债券，坚持区分非货币资产。信贷观点还强调借款者之间的差距，认为有的借款者可能比其他人对信贷条件的变化更敏感。

2.2 货币政策传导渠道理论综述

2.2.1 货币政策传导渠道的发展过程

最古老的货币政策传导机制理论是利率传导机制理论，魏克塞尔的累积过程论（Wieksell，1898）中就有所涉及。1936年，凯恩斯（J. M. Keynes）在经济大萧条后出版的《就业、利息和货币通论》（General theory）中，提出了货币政策的利率渠道传导理论，随后利率传导机制理论就逐步成为整个西方现代货币政策传导机制的理论基石。

20世纪50年代末，弗里德曼开始提出"现代货币数量论"，认为通货膨胀就是因为货币数量太多。1963年，弗里德曼又在其著作《美国货币史》中探索了货币数量的变化给经济造成的影响，提出"黑箱"理论，认为"只要清楚货币供给增加会通过影响居民手中的真实货币余额导致实际产出发生变动就可以了，至于货币供给是通过什么途径对真实经济产生影响并不重要。"由此货币主义观点的货币政策传导渠道开始得到发展。凯恩斯学派的观点因此受到了挑战。

面对货币主义者的挑战，凯恩斯的追随者托宾在凯恩斯的利率传导机制理论的基础上进行了扩展和深化。1961年，托宾以凯恩斯的利率传导机制理论为基础，在他的著名的q理论中描述了资产价格传导机制理论。

随着经济一体化的发展，各国经济的相互依存度不断加强，人们越来越关注货币政策通过汇率渠道对经济的影响。20世纪60年代初期，蒙代尔—弗莱明模型（Mundel，1963；Fleming，

1962）分析了固定汇率制和浮动汇率制下的货币政策传导机制和效果。

20 世纪 70 年代早期，弗里德曼在批判了传统货币数量论和凯恩斯货币理论后，提出了对货币传导的第三种观点，即“名义所得货币理论”，强调了预期利率、名义所得和通货膨胀对经济的影响，将预期因素纳入到了货币传导分析之中，因此称为预期效应。旨在证明货币政策的长期无效性，强化单一规则货币政策的作用。从货币主义分离出来的理性预期学派，进一步将理性预期纳入宏观经济学分析，创立了新古典宏观经济学，以证明货币政策的短期无效性，从而为放弃积极干预性的货币政策提供理论依据。预期渠道货币政策传导机制由此得以发展。

20 世纪 70 年代末至 80 年代初，在货币主义日益盛行的局面下，新凯恩斯主义经济学家斯蒂格利茨等认为，利率渠道和资产价格渠道以市场机制健全、信息对称为前提，从根本上来说还是货币主义观点。事实上，市场是存在缺陷的，信息是不对称的，因此，存在一般利率渠道之外的其他渠道。为此，斯蒂格利茨等提出了均衡信贷配额理论（1981），确立了信贷渠道作为货币政策传导机制的基础。事实上，早在 20 世纪 50 年代，在极端凯恩斯主义《拉德克里夫报告》（Radcliffe Report）（1959）中强调的信贷可获得性理论（Credit Availability Doctrine）中就已经出现了最早的信贷渠道货币政策传导机制，只是并未受到重视。

20 世纪 80 年代以来，货币政策传导机制方面的进展丰富和多样化，不仅修改和扩展了原有的货币传导渠道，信贷传导渠道也从定性研究深入到了定量研究阶段。伯南克与布林德（Bernanke 和 Blinder，1988）认为，在信息不对称环境下，银行贷款与其他金融资产不完全可替代，特定借款人的融资需求只能通过银行贷款满足，因此，除了一般的利率传导渠道之外，还存在银行信贷变化影响投资和消费增加，从而推动经济增长的途径。伯南克与布林德将贷款函数引入 IS - LM 模型，建立了含有利率和货币两个渠道的 CC - LM 模型。此模型表明，即使有所谓“流动性陷阱”的存在，致使传统的利率传导渠道失效，信贷传导渠道的存在，使得货币政策可以通过信贷供给的变化推动商品—信贷曲线（CC）变化，从而对实体经济发挥作用。伯南克与格特勒（Bernanke 和 Gertler，1995）在分析了美国 20 世纪 30 年代大萧条之后认为，传统的货币政策传导渠道没有分析经济对货币政策的反应，因此不完全，甚至像“黑箱”。他们认为利率渠道的传导作用很难从实证研究得到支持，从而提出了资产负债表渠道又称净财富额渠道（Netwealth Channel）：货币政策对经济运行的影响可以因为特定借款人接信能力的制约而得以强化。即货币政策的紧缩，造成特定借款人资产负债状况恶化，担保品贬值，信贷活动中的逆向选择和道德风险更加严重，导致部分借款人既无法从金融市场直接融资，又无法取得银行信贷，导致投资和产出的额外下降。伯南克与格特勒认为，只有银行信贷和公司资产负债表两个途径结合起来，才能真正发挥信贷渠道在货币政策传导过程中的作用。

近 20 多年来，在全球资本市场快速发展的背景下，早些时候由后凯恩斯主义代表人物托宾和莫迪利安尼提出的“q”理论和财富效应，逐渐成为货币政策资产价格传导机制研究的新热点。1986 年，莫迪利安尼（Mdoiglinai）则根据他的“生命周期模型”提出了货币政策传导的另一条资产价格渠道。1993 年，作为货币主义学派的代表，布鲁纳—梅尔泽（Brunner - Meltzer）理论也从资产价格角度对货币政策的传导进行了分析。因此资产价格渠道作为利率渠道的进一步深化得以发展。麦金农（1985）、奥伯斯费尔德（Obstfeld 和 Rogoff，1996）等逐渐将汇率因素纳入了开放经济中的货币政策资产价格传导机制分析，汇率传导作用使得货币政策操作面临的困难越来越大，汇率渠道货币政策传导机制也越来越受到重视。同时，预期概念进一步深化，实践也证明货币政策传导中预期效应的确是存在的，因此预期因素也被纳入到了新凯恩斯主义宏观经济学的货币政策利率传导机制研究之中，预期渠道货币政策传导机制也日益重要。

2.2.2 货币政策传导中各种渠道的作用机制

货币政策传导渠道的作用机制是指货币政策在某个传导渠道中的传导过程和传导途径，强调传导链及前后链条之间的联系。综合西方货币经济学观点以及上文中对货币政策传导渠道理论发展过程的回顾，本文认为货币政策传导渠道主要包括5种，即利率渠道、信贷渠道、资产价格渠道、汇率渠道、预期渠道（包括通货膨胀预期、证券市场预期、风险预期），下文分别对其作用机制进行描述。

（1）利率渠道

从IS－LM模型来说，货币当局操纵货币供给的变化使LM曲线移动，引起利率变化，从而改变投资行为，结果影响实体经济。可见，在这一模型中，货币政策是通过利率传导的，传导过程如下：$M\uparrow \rightarrow i_r\downarrow \rightarrow I\uparrow \rightarrow Y\uparrow$。M上升代表了一种扩张性的货币政策，它导致实际利率（i_r）下降，即资本成本降低，进而导致投资（I）上升，使总需求上升和产出（Y）提高。其中，利率下降刺激投资可以归结为三个不同的机制：资本成本效应、替代效应和收入效应。资本成本的降低会提高企业的最优投资额，这就是资本成本效应。同理，储蓄回报降低增加投资，这是替代效应，而收入效应的影响取决于企业是净储蓄者还是净借贷者。

利率传导机制的一个重要特点是，其强调实际利率而非名义利率影响消费者和企业的投资决定。由于存在粘性价格，因此即使是在理性预期的情况下，降低名义利率的扩张性的货币政策同时降低短期真实利率。实际利率的这些降低将导致固定资产投资、个人投资、居民耐用品消费、库存投资的上升，所有这些最终导致总产量的上升。真实利率比名义利率对开支影响更大的事实为货币政策刺激经济提供了一个重要的渠道，这种渠道即使在通货紧缩阶段名义利率降低到零也仍然有效。如果名义利率降低到零，货币供给的扩张可以提高预期价格水平，并使通货膨胀预期上升，导致了名义利率为零的条件下真实利率的下降，从而通过上面所描述的利率渠道刺激了开支：$M\uparrow\rightarrow P^e\uparrow\rightarrow\pi^e\uparrow\rightarrow i_r\downarrow\rightarrow I\uparrow\rightarrow Y\uparrow$。这一机制指明即使当名义利率被降低到零的时候，货币政策仍然有效（蒋敏，2000）。

另外，通常是长期实际利率而不是短期实际利率对支出有重要影响。不过，这一利率究竟是何种市场利率，一直存在着很大的争论（张颖，2002）。

（2）信贷渠道

信贷渠道关键的前提条件是银行贷款与债券不是完全替代的，并强调了银行资产与负债的不对称性。信贷传导渠道可以分为银行信贷渠道和资产负债表渠道。

银行信贷渠道是由典型的信用传导理论来支撑的。在金融体系中，银行因解决了信用市场中的不对称信息问题，从而扮演着特殊传导功能。由于在银行贷款与其他可供资金资源之间不存在完全替代，因此特定的借款人只有通过银行才能得到所需资金。在现实经济中，大企业可以不用银行而直接通过股票和债券市场获得信用，而小企业就不可能像大企业那样，它们对银行具有更强的依赖性，成为“银行依赖者”。在这种传导机制下，货币政策对于小企业开支的扩张有更大的影响作用（米什金，1995）。以扩张性货币政策为例，货币传导中银行借贷渠道的操作如下：M↑→存款↑→贷款↑→I↑→Y↑。扩张性的货币政策将增加银行储备和银行存款，增加了银行可供贷款的数量，进而实际贷款数量上升，从而增加了投资，进而总产出增加。

资产负债表渠道，也称为净财富渠道（Netwealth Channel）。在这种渠道之下，货币政策通过影响借款人的授信能力达到放大货币政策影响力的作用，这种渠道是由伯南克和格特勒首先提出的（Bernanke，1995）。在信贷市场的信息不对称的前提下，企业的净值越低，贷款者实际得到的抵押越少，而且企业的股票价格也越低，企业就会选择高风险的投资项目，贷款给这些企业的逆向选择和道德风险就越严重。因此在企业净值较低的情况下，贷款的数量会减少，从而减少投资支出。货币政策可以从几方面影响企业的资产负债表。通过股票价格的传导途径可以表示为：M↑→P_e↑→逆向选择和道德风险↓→银行贷款↑→I↑→Y↑。通过名义利率的传导途径可以表示为：M↑→i↓→企业利息成本↓→净现金流↑→逆向选择和道德风险↓→银行贷款↑→I↑→Y↑。这一渠道的重要一点是名义利率影响现金流，这使得其与传统利率渠道不同。另外，短期利率在这种机制中也起特殊的作用。第三条资产负债表渠道是通过一般价格水平：M↑→未预期的价格P↑→逆向选择和道德风险↓→银行贷款↑→I↑→Y↑。还有通过影响耐用品和住宅购买的家庭资产负债表渠道，利率的上升也会通过现金流使家庭的资产负债表恶化。借助于货币与股票价格之间的联系，产生了新的货币政策操作渠道：M↑→P_e↑→金融资产价值↑→财务危机可能性↓→消费者耐用品、住房开支↑→Y↑。

（3）资产价格渠道

货币是一种资产，但属于特殊的资产，除了货币还有其他一般的资产。因此，资产价格渠道是货币价格渠道的发展和一般化。

托宾q理论。托宾首先提出了资产选择的q理论，托宾的q理论提供了货币政策通过对股票价值的影响而影响总体经济的一种解释。“托宾q”定义为公司的市场价值与资本重置成本的比率。q值较高意味着新工厂和新设备相对便宜，公司就可以很容易地发行股票进行筹资。这样，投资就会随着q的增大而增加，反之则反是。因此，托宾认为货币政策将通过影响证券资产价格从而影响不同资产之间的选择而影响实体经济活动。具体地说，货币政策通过以下途径影响q值：当货币供应量（M）上升时，人们发现货币供给超过其货币需求，从而增加开支而减少手持货币，引起利率（i）下降使得债券和银行存款不如股票有吸引力，从而导致公众对于股票的需求上升，这就使得股票价格（Pc）上升。更高的股价导致更高的q，这样就会导致更高的投资支出（I）以及更高的经济产出（Y）。即托宾q理论的作用机制如下：$M\uparrow \rightarrow i\downarrow \rightarrow P_e\uparrow \rightarrow q\uparrow \rightarrow I\uparrow \rightarrow Y\uparrow$（孙明华，2004）。托宾q理论即资产选择组合理论，它的资产不仅包括货币和长期债券，而且应当包括一切证券。这突破了原有的货币供应量和流通速度范围，将货币传导分析推广到了整个金融结构，从而将货币部分的影响内生化了。

财富效应。财富效应是货币政策传导的又一重要途径。财富效应包括两种。一种是庇古提出的“实际现金余额效应”。凯恩斯的《就业、利息和货币通论》出版后，为了应答凯恩斯的挑战，新古典经济学家庇古提出了“实际现金余额效应”，即财富效应（又称庇古效应）。按照此理论，资产组合调整引起的替代效应只限于消费。这实际上是对凯恩斯理论的一种否定。财富效应的另一种则是由莫迪利安尼提出的MPS模型。而金融财富的主要内容是普通股票。后凯恩斯经济学家莫迪利安尼的生命周期假说认为，消费支出是由消费者的包括股票在内的终生财富决定的，其中股票是金融资产的重要组成部分。当股价（Pe）上升时，包括股票在内的终生财富（W）的价值也上升，公众的消费支出（C）就会增加，从而引起经济产出（Y）的增加。我们可以得到这样的货币传导机制：$M\uparrow\rightarrow i\downarrow\rightarrow P_e\uparrow\rightarrow W\uparrow\rightarrow C\uparrow\rightarrow Y\uparrow$（孙明华，2004）。由此，货币政策可以通过股票市场的价格变化来使消费者财富增值从而扩大消费来影响实体经济（Medigliani，1971）。生命周期假说不仅支持了凯恩斯理论，还进一步深化了凯恩斯理论。

（4）汇率渠道

随着经济全球化进程的加快和各国经济开放程度的提高，汇率这种特殊的资产价格对于宏观经济的影响越来越大。因此，20 世纪 80 年代以来，麦金农（1985）、奥伯斯特费尔德（1996）等逐渐将汇率因素纳入了货币传导研究中。在开放经济条件下，汇率变动是货币政策变动引起资产收益率变动进而影响实际产出的又一渠道。未预期的名义货币增长率上升（下降）首先导致短期实际利率的下降（上升），总需求的上升（下降）导致资产账户及经常账户的恶化（改善）。这种变化会引起名义汇率的上升（下降）。本币贬值（升值）刺激（抑制）出口，抑制（刺激）进口，导致产出和就业水平的进一步提高（下降）。汇率变动在多大程度上能够强化货币政策效应取决于国际资本流动对本国与外国实际利率差异的敏感程度。

随着全球经济的增长和浮动汇率制度的到来，人们开始把注意力放在通过汇率效应实现货币政策的传导操作上，在这个框架下，外汇被看做是资产的一种存在形式，而汇率成为外汇资产的价格表示，汇率的变动对调整国内经济有着重要作用。汇率效应同样伴随着利率效应：当一国的货币供应量（M）上升会导致国内利率（i_r）下降，这时国内货币储蓄相对外币储蓄变得缺少吸引力，从而引起本币贬值，汇率（E）下跌，使得国内商品比国外商品在价格上更有竞争力，这就会导致净出口（NX）以及经济产出（Y）的增加。即：M↑→i_r↓→E↑→NX↑→Y↑。

（5）预期渠道

预期渠道包括通货膨胀预期效应、证券市场预期效应和风险预期效应等方面，这里主要从通货膨胀预期效应进行分析。

通货膨胀预期效应是指，预期的通货膨胀率与货币政策调控后实际达到的通货膨胀率的差异，可能给公众带来货币幻觉，使得所有经济变量产生名义值与实际值的差别。如果公众是按照名义收入来决定其消费支出，企业是按名义利率来进行其投资决策，那么，货币幻觉就会对实际经济产生影响。当中央银行承诺通过货币政策来降低通货膨胀率可信时，货币政策的效力就可以通过形成通货膨胀预期而加强。企业对未来货币政策的预期反馈到目前，就会降低利率波动，从而稳定经济。面对扩张性需求冲击（如临时增加公共开支），如果货币当局承诺降低通货膨胀是可信的，企业对货币政策形成预期，就会提高短期利率以抵消通货膨胀的压力。即：M↑→通货膨胀预期↑→i_r↓→I↑→Y↑。

2.2.3 各种渠道之间的关系

货币政策传导过程是比较复杂的，不是通过单一的渠道、单一的作用机制完成，而是通过多个渠道、一系列机制（或效应）来完成，如图2-1所示。货币政策可以通过多种渠道来传递其对经济的影响。这些渠道产生作用的程度可能会因经济内部的条件不同而不同，有些时候的作用方向可能是相反的。但我们不能说只有一个渠道起作用或者说哪个渠道是最主要的。表2-1为各个渠道作用机制汇总，以扩张性货币政策为例。

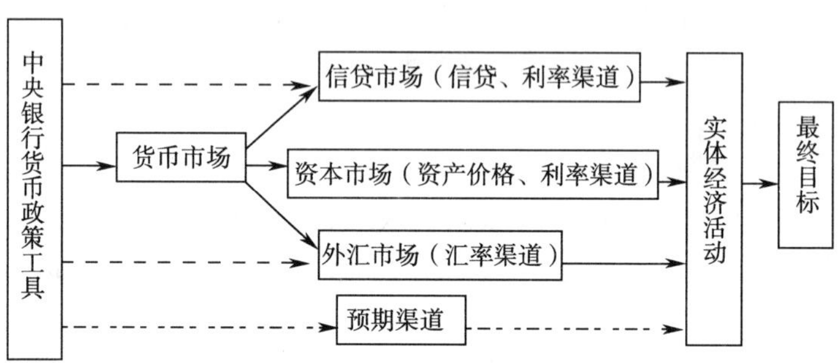

图 2－1　货币政策传导过程及渠道

表 2－1　各渠道作用机制

渠道		作用机制
利率		①M↑→i_r↓→I↑→Y↑ ②M↑→P^e↑→π^e↑→i_r↓→I↑→Y↑
信贷	银行信贷	M↑→存款↑→贷款↑→I↑→Y↑
	资产负债表	①M↑→P_e↑→逆向选择和道德风险↓→银行贷款↑→I↑→Y↑ ②M↑→i_r↓→企业利息成本↓→净现金流↑→逆向选择和道德风险↓→银行贷款↑→I↑→Y↑ ③M↑→未预期的价格 P↑→逆向选择和道德风险↓→银行贷款↑→I↑→Y↑ ④M↑→P_e↑→金融资产价值↑→财务危机可能性↓→消费者耐用品、住房开支↑→Y↑
资产价格	托宾 q 效应	M↑→i_r↓→P_e↑→q↑→I↑→Y↑
	财富效应	M↑→i_r↓→P_e↑→W↑→C↑→Y↑
汇率		M↑→i_r↓→E↑→NX↑→Y↑
预期		M↑→通货膨胀预期↑→i_r↓→I↑→Y↑

根据前文对货币政策传导渠道的发展过程研究以及对各种渠道的作用机制分析，发现利率渠道、资产价格渠道、汇率渠

道和预期渠道基本可以归纳为货币渠道，这些渠道实际上均假设了具有完全信息的金融市场存在于经济中，货币与其他资产之间存在着替代（或称交换）。

利率与预期之间的关系：当央行承诺通过货币政策来降低通货膨胀率可信时，货币政策的效力就可以通过形成通货膨胀预期而加强。企业对未来货币政策的预期反馈到现在，会降低利率波动。面对扩张性需求冲击（如临时增加公共开支），如果货币当局承诺降低通货膨胀是可信的，企业对货币政策形成预期，就会提高短期利率以抵消通货膨胀的压力。

利率与资产价格之间的关系：货币政策通过降低短期名义利率来降低持有货币回报，对其他的资产需求就上升，其他资产价格上升，厂商将认识到所投资项目会具有正的净现值而扩大投资，投资上升而产出增加。

利率与汇率之间的关系：一般认为，沟通外汇市场和资本市场均衡的桥梁是利率平价理论。以抛补利率平价理论（CIP）为例，汇率与利率之间的关系满足：$i_d - i_f = \frac{F - e}{e}$。其中 e 是即期汇率，F 是远期汇率，i_d为本国利率，i_f为外国利率。其基本逻辑是，远期差价是由两国利率差异决定的。高利率国货币在远期市场上必定贴水，低利率国货币在远期市场上必为升水。在两国利率存在差异的情况下，资金将从低利率国流向高利率国进行套利（姚星垣，2007）。

汇率与资产价格的关系：在利率平价理论的基础上，经济学家们试图将各种宏观基本变量作为联结股价和汇率的中介。Aggarwal（1981）指出，汇率变动可以直接带动跨国公司的股价，同时间接带动国内公司的股价。对于跨国公司来说，汇率变动可以在其收益表反映为收益或者损失，引起经常账户的不平衡。一旦利润损益公布，股价就会变动。即：汇率↑→公司损益变化↑→公司股价变动↑→资产价格↑。

利率、汇率及资产价格的关系：随着世界资本市场正日益走向一体化，股价和汇率的变动有可能导致的主要后果是资本流动，而不是经常账户失衡。即股价下跌导致国内投资者财富减少，进而货币需求下降，本国利率下降。利率下降使得资本外流，导致本币贬值。在资产组合机制假设下，资产价格与汇率呈负相关，即资产价格下跌，汇率上升。即：资产价格↑→财富↑→利率↑→汇率↓。

利率渠道与信贷渠道的关系：在实际的货币政策传导中，利率渠道和信贷渠道存在着混合影响：利率可以影响企业信誉，特别是对于小企业（Getler 和 Gilehrist，1994），伯南克等人的“金融加速器”模型为这一论点提供了额外的证据（Bemanke，Gertler 和 Gilehrist，1996）。实证表明，银行借贷渠道存在于货币政策与经济的互动之中，依赖银行的商业借款人是那些比较小但又是经济重要组成部分的企业。伯南克和布林德在 1992 年验证了当美国联邦基准利率上升 6 个月至 9 个月后，银行贷款会下降显著（Bernanke 和 Gertle，1992）。

无论是利率渠道、预期渠道、资产价格渠道、汇率渠道还是信贷渠道，它们都主要因循着货币政策扩张（或紧缩）与实际产出之间的变动关系这样一个路径方法去进行分析，它们之间存在着密不可分的联系。

2.3 货币政策传导机制研究方法概述

李桂君等（2003）归纳了货币政策传导机制的几种主要研究方法，分别是理论模型分析法、渠道效应分析法、金融结构分析法和货币政策各层次目标传导关系分析法。

理论模型分析方法通过研究货币政策工具与相关经济变量的关系，分析货币政策的变化如何对经济变量产生影响，通常附加一系列假设条件，来认识和解释货币政策传导机制。这与1998年米什金（Mishkin）总结出的结构模型法类似，结构模型实证分析方法利用数据去构造一个模型，以此说明一个变量是通过什么途径影响另一个变量的，从而来考察该变量是否会影响其他变量。凯恩斯学派和“信贷观”专注于结构模型法。除了常见的凯恩斯主义 IS－LM 模型和弗里德曼的货币需求模型外，还有结构宏观经济模型 SMM①（Structural Macroeconometric Model）、金融市场价格框架②（Financial Market Price Framework）向量自回归模型 VAR（Vector Autoregressive）以及真实经济周期模型 RBC③（Real Business Cycle）。IS－LM 模型假设模型中的估计参数不随政策的改变而改变，针对这一假设，1976年卢卡斯提出了著名的“卢卡斯批判（Lucas Critique）”，并据此推动了向量自回归模型 VAR 的发展与应用。

渠道效应分析是根据货币政策传导的不同途径进行分析，综合各种学派的观点，一般将货币政策传导主要分为四条渠道

① 美国芝加哥大学的考尔斯委员会（Cowles Commission）最早提出结构宏观经济模型（f. i. Hood，Koopmans，1953），该模型对被解释变量没有限制，因此得到广泛应用。结构宏观经济模型基于典型的宏观经济学理论而建立。

② John B. Taylor（1995）提出的货币政策传导机制实证研究方法——金融市场价格框架是理论模型分析方法的一个典型代表。金融市场价格框架聚焦于金融市场价格（短期利率、债券收益率、汇率等）而非金融市场数量（货币供给、银行信贷、政府债券供给、外汇资产），其假设条件是金融市场模型中数量没有价格重要。这种方法需要比较不同的金融市场价格（长期利率和短期利率；名义利率和实际利率；固定汇率和浮动汇率等）对货币政策传导机制的影响。

③ 真实经济周期（RBC）理论运用动态一般均衡方法，从微观经济主体的最优化行为出发建立模型。模型认为经济周期是由实际冲击造成的，经济波动是理性个体对实际冲击最优选择的结果。对真实经济周期理论进行综述和评析，介绍了标准 RBC 模型的理论框架、实证检验、特点以及 RBC 研究的深化和发展。

分别进行分析，从大量文献中可以看出，目前应用特别广泛。

金融结构分析法是20世纪80年代研究者对货币政策的传导理论进行了回顾后提出的，主要强调金融市场缺陷。金融结构分析承袭“古典二分法”，认为货币政策的传导机制分属于两个领域——金融领域和真实领域。货币政策实施时首先启动的是金融领域，从而影响货币供应量和货币需求量，进而影响利率、资金流量、资金流向以及经济个体的支出决策，然后才会波及真实领域。同时，真实领域的波动也会反馈到金融领域，引起金融领域的变化，并影响产出与价格。金融结构分析大量地研究了交易费用和信息不对称等问题。

货币政策各层次目标传导关系分析法在20世纪80年代以前西方发达国家经常使用。它是以广义或狭义货币作为货币政策的中介目标，确立相对稳定的初始目标、中介目标、最终目标之间的关系，进行货币政策的传导研究。我国对货币政策传导的初步研究也是从各层次目标传导关系研究开始的。在层次目标传导框架下，货币政策的宏观调控与货币流的传导方向是逆向进行的，并且是单向的。近几年，随着金融市场的发展，经济环境的变化，货币需求函数不稳定性的增加，减弱了货币与实物经济的连贯性，因而各层次目标传导研究的成果已不多见。

另外，米什金（Mishkin）于1998年还总结另一种传统的实证分析方法——简化形式法。简化形式实证分析方法是直接观察两个变量之间的关系，从而研究一个变量是否会对另一个变量产生影响。货币学派倾向于简化形式法。在具体的研究中，货币学派综合使用了三种类型的简化式实证分析方法：（1）时序实证法，即观察一个变量的变动是否通常发生在另一个变量变动之前；（2）统计实证法，即对一个变量和另一个变量的变动之间的相关性进行统计分析；（3）历史实证法，即通过考察特定的历史阶段以观察一个变量的变动是否会引起另一个变量的变动。

通过以上分析可知，模型方法的优点在于，利用它我们可以评价各种传导机制的合理性，并获得较多的货币是否对经济活动有重大影响的证据，因而有助于更准确地预测货币政策对产出的影响以及研究制度变化如何影响货币与产出之间的关系。但其缺点也是很明显的，因为模型方法的前提假设是我们充分了解这些传导机制，所以模型设定中的任何遗漏将会大大影响实证结果的可信性。简化形式方法的优点在于它对货币政策具体通过什么途径影响经济不加限制，因为货币学派认为货币政策影响产出的途径是多种多样的，并且是不断变化的，这就避免了结构模型法中由于缺乏对经济的准确理解而造成的模型设定缺陷。但简化形式方法的一个重大缺陷是货币政策与产出之间的相关性并不代表它们之间存在着货币到产出的因果关系，也有可能是产出增加引起人们的货币需求增加的逆向因果关系，这引起了对变量的内生性与外生性判断上的困难。另外，渠道效应分析可以很具体地阐述货币传导机制的过程。金融结构分析法在分析货币政策传导机制时局限于特定范围，货币政策各层次目标传导关系分析法应用已较少。

鉴于各自的优缺点，在实际研究中上述方法的合理性备受争议，学者们也难以取舍。值得注意的是，近年来出现了一种得到广泛应用的向量自回归（VAR）方法，它是在 1980 年由 Sims 首次引入到经济学的。VAR 模型本质上是一种基于时间序列分析的实证研究方法，它不再区分内生变量与外生变量，而是把系统中每一个内生变量都作为所有内生变量的滞后值的函数来构造模型。因此，VAR 模型不仅避免了简化形式法由于变量内生性和外生性而带来的识别困难，而且弥补了结构模型法根据经济理论设定行为方程时不能严密设定变量间动态影响的缺陷，从而成为当代货币政策传导机制研究中颇受欢迎的实证方法（索彦峰，2008）。

货币政策的各种研究方法并不是完全割裂的，而是有机地联系在一起。其目的是为了更好地说明问题，分析方法的划分只是因为某种方法对某一问题的分析更适用，或是提供了某一问题的研究思路。更完整的研究应该是多种研究方法的综合。目前，西方各国的研究基本上采用的是理论模型分析与渠道效应分析相结合的方法。

2.4 我国货币政策传导机制

2.4.1 我国货币政策传导机制历史演变

戴根有（2001）在前人研究基础上总结归纳了建国以来我国在各个时期的货币政策传导机制，如表2－2所示。

表2－2 中国货币政策分阶段的传导机制

	改革开放前（1949—1978年）	改革开放后20年（1979—1997年）	间接调控期（1998—2000年）	远景规划（2001—2010年）	传导过程
主要政策工具	信贷现金计划	信贷现金计划；中央银行贷款	中央银行贷款；利率政策；公开市场操作	公开市场操作；中央银行贷款；再贴现；利率政策；存款准备金；货币信用规划	
辅助政策工具	信贷政策；利率政策；行政手段	利率政策；信贷政策；再贴现；公开市场操作；特种存款	存款准备金；再贴现；指导性信贷计划；信贷政策；窗口指导	公开市场操作；中央银行贷款；再贴现；利率政策；存款准备金；货币信用规划	

续表

	改革开放前（1949—1978年）	改革开放后20年（1979—1997年）	间接调控期（1998—2000年）	远景规划（2001—2010年）	传导过程
操作目标		从贷款规模到基础货币	基础货币（监测流动性）	从基础货币过渡到短期利率	
中介目标	四大平衡	从贷款规模到货币供应量	货币供应量（监测利率、汇率）	从货币供应量过渡到中长期利率	
最终目标	发展经济；稳定物价	从发展经济、稳定物价到稳定货币，并以此促进经济增长	稳定货币，并以此促进经济增长	稳定货币	

20世纪90年代以后，我国金融宏观调控方式逐步转化，货币市场进一步发展，逐步形成“中央银行→货币市场→金融机构→企业”的传导体系，初步建立了“货币政策→操作目标→中介目标→最终目标”的间接传导机制，其中操作目标为基础货币，中介目标是货币供应量和贷款，最终目标则为GDP和CPI。在这个货币政策传导机制中，国内学术界在货币供应量与贷款总量对于实际产出的影响孰大孰小，即究竟是货币渠道重要还是信贷渠道重要的问题上存在着一定的争议（孙明华，2004）。

2.4.2 我国起主导作用的货币政策传导渠道

自从开始货币政策传导机制研究以来，我国对不同渠道的货币政策传导效果就存在分歧：大部分实证结果认为货币政策主要是通过信贷渠道而非货币渠道影响经济；但也有一些学者研究认为货币政策主要通过货币渠道影响经济；还有学者认为是信贷渠道和货币渠道在共同影响实体经济，不能区分哪个更重要；另外有一些学者认为是多种渠道在共同影响经济。基于此，周光友、邱长溶（2005）对我国的货币政策传导渠道理论作出了总结，即我国货币政策传导理论大致分为“单渠道论”、“双渠道论”和“多渠道论”三种。单渠道论是指在多种渠道中对货币政策传导起明显作用的只有一种。其代表性观点有“信贷渠道”观与“货币渠道”观两种，二者争论的焦点集中在哪一个渠道在货币政策传导过程中更为有效。双渠道论认为在货币政策传导过程中发挥作用的有两种渠道。该理论从金融机构的资产负债表角度把货币政策传导的渠道分为货币渠道和信用渠道两种，并认为二者都是非常重要的货币政策传导途径。多渠道论认为在货币政策传导中有多种渠道共同发挥作用。认为各种渠道不是相互独立，而是一个有机的整体在货币政策传导中共同发挥作用。

支持单渠道理论中“信贷渠道”观的有：王振山、王志强（2000）对我国1981—1998年的年度数据和1993—1998年的季度数据进行了实证分析而得出结论：无论是在20世纪80年代还是在20世纪90年代，信贷渠道都是我国货币政策的主要传导途径，而货币渠道的传导作用则不明显；李斌（2001）利用1992—2000年期间的季度数据对货币政策实施效应进行了实证研究，结果认为信贷总量和货币供应量与政策目标和最终目标都存在很高的相关关系，但信贷总量的相关性更大一些；周英章、蒋振声（2002）对中国1993年第一季度至2001年第三季度的季度数据的实证结果表明，货币政策是同时通过货币渠道和信贷渠道影响经济的，但是信贷渠道更重要。赖建明（2003）通过对1998—2001年货币政策及金融市场相关数据分析认为，信贷市场是我国货币政策传导的主渠道，但在逐步削弱。路妍（2004）从货币渠道和信贷渠道入手，分析了我国货币政策的传导渠道，认为信贷渠道是我国货币政策传导的主要渠道。王国松（2004）利用1994—2002年的年度数据进行的研究表明，在通货紧缩期间，我国货币政策传导的传统货币渠道“受阻”，而信贷渠道发挥了重要作用。蒋瑛琨等（2005）类似的研究表明，20世纪90年代以后，从对物价和产出最终目标的影响显著性来看，贷款的影响最为显著，其次是M_2，M_1的影响最不显著，认为自20世纪90年代以来，信贷渠道在我国货币政策传导机制中占有重要地位。

支持单渠道理论中“货币渠道”观的有：陈飞、赵昕东和高铁梅（2002）采用VAR和脉冲响应函数对1991—2000年的实际的M_1、LOAN和GDP的季度数据进行了实证研究，认为货币渠道比信贷渠道对于GDP有更大的作用。孙明华（2004）运用单位根检验、协整检验、格兰杰因果关系检验、向量自回归模型等技术，对我国从1994年第一季度至2003年第一季度的货币政策传导机制进行实证分析，证明了目前在我国，货币政策是通过货币渠道而不是信贷渠道对实体经济产生影响的。李琼、王志伟（2007）采用1993—2006年季度数据实证研究得出：当前中国货币政策的传导机制主要还是货币渠道进行的，信贷渠道尚没有成为货币政策传导的主要渠道之一。

支持双渠道理论的有：王雪标、王志强（2001）对我国1984—1995年的货币政策传导途径进行了实证分析，认为货币政策主要是通过信贷渠道和货币渠道影响经济的，但哪一个更重要尚不清楚；周英章、蒋振声（2002）对我国1993年第一季度至2001年第三季度的季度数据运用协整理论与基于VAR模型的格兰杰因果检验、预测方差分解等处理非平稳变量的分析方法，对我国货币政策传导的货币渠道和信贷渠道进行实证分析，结果表明：我国货币政策是通过货币渠道与信贷渠道两个传导途径共同影响实际经济总量的，货币渠道和信贷渠道在我国都是非常重要的货币政策传导途径。

支持多渠道理论的有：王钰、王稳（2003）从理论上对利率、资产价格和信贷这三个渠道各自发挥作用的条件和它们相互之间的关系进行分析后，认为利率渠道、资产价格渠道和信贷渠道在货币政策传导中不是平行地、各自独立地发挥功能，而是形成有机的整体。王国松（2004）通过对1994—2002年的相关数据进行实证分析，认为我国货币政策传导途径在通货紧缩期间呈现出新的特点，主要通过我国金融机构的“有价证券及投资”和“外汇占款”等多种渠道为我国“积极的”财政政策以及“有管理的”浮动汇率政策提供了强有力的金融支持，成功地实现了拉动经济增长和稳定汇率的宏观调控目标。杨小娟、熊勇刚（2004）在定性分析货币政策的传导机制理论的基础上，采用期间为1991年1月至2002年6月的月度数据，运用协整理论对我国的货币政策传导机制进行实证研究，表明我国的货币政策主要是通过股票价格渠道、汇率渠道、预期渠道三者共同传导的。

在以上的研究中，基本都是以信贷渠道的传导作为研究的载体，以货币供应量、贷款和GDP作为研究中的主要变量。若研究结论发现贷款变动可以带动GDP变动，则支持信贷渠道理论；若货币供应量变动能带动GDP变动则支持货币渠道理论；若货币供应量和贷款变动均能带动GDP变动，则支持双渠道理论。不难发现，信贷渠道始终是我国货币政策传导机制的一个研究重点，而且绝大多数研究得出结论：信贷渠道在我国货币政策传导机制中的主导地位。

2.4.3 我国各种货币政策传导渠道的问题

王召（2005）从实证的角度分析了我国的货币政策利率传导存在的障碍，证明了我国不由市场决定的利率对宏观经济变量解释作用不强。楚尔鸣（2007）借助向量自回归（VAR）模型实证分析我国2000—2005年的数据，说明我国货币政策的利率传导渠道存在严重的“梗阻”，并提出西方国家的利率传导机制是以健全的市场经济体制为前提的，即完善的银行体制、金融市场体制、企业体制、市场运行机制等，我国利率传导机制产生“梗阻”的根本原因就是在于这些体制的不健全。

魏永芬、王志强（2002）从货币政策资产价格传导机制的一般原理和我国实证分析认为：由于我国银行间接融资仍然占据主导地位，而股票直接融资的比重仍然较低，加上股票市场的不规范，股票价格信号失真等原因，资产价格尚不能成为我国货币政策有效传导的一条渠道。董亮、胡海鸥（2008）通过格兰杰因果检验和协整检验等方法对我国金融市场进行实证研究，结果表明资产价格虽然可以影响消费和投资，但是消费的财富效应和投资的托宾q效应都很不明显，主要是由于我国资产市场发展水平、社会体制完善程度以及国民财富结构和消费习惯等多方面因素的制约，资产价格传导渠道存在阻滞。

奚君羊、谭文（2004）运用协整和脉冲反应函数分析了人民币汇率的若干影响因素，结果显示货币供应量的变化是影响人民币汇率波动的一个主要因素，而实际利率的变化对人民币汇率的影响不大。楚尔鸣（2006）在对我国2000—2004年的数据进行实证分析后得出结论：不仅货币供应量变动对汇率变动的传导，而且汇率变动对工业增加值变动的传导都不是很有效。

第3章
金融市场发展对货币政策传导的影响

金融市场是现代市场经济条件下中央银行货币政策传导的主要载体。随着当前国内外金融市场广度和深度的不断拓展，货币政策传导机制必然也在随之不断变化。围绕这一主题，国内外学者分别从金融市场发展对利率渠道的影响、金融市场发展对信贷渠道的影响、金融市场发展对资产价格渠道的影响、金融市场发展对汇率渠道的影响、金融市场发展对预期渠道的影响以及金融市场发展对货币政策传导机制整体效应的影响这几个方面阐述了金融市场发展对货币政策传导机制已经造成或可能造成的影响。本章主要在相关文献回顾的基础上，对上述研究进展进行综合评述。

由于在第二章分析我国起主导作用的货币政策传导渠道时已经指出，目前绝大多数的研究都认为信贷渠道是我国的主要货币政策传导渠道，因此本章中将对金融市场发展对信贷渠道的影响进行重点分析。同时，由于本书的目的是基于金融市场化的角度对货币政策传导机制进行分析，而最能体现金融市场化的即为市场利率的自由化，这一点对利率渠道的影响应是最为直接有效的，因此，本章也把金融市场发展对利率渠道的影响作为重点进行分析。

3.1 金融市场发展对利率传导渠道的影响综述

下文主要针对金融自由化、金融产品创新、金融技术创新、金融整合以及金融市场发展的综合影响这五个方面对利率传导渠道的影响进行回顾评述。由于金融非中介化是金融产品创新和金融技术创新的结果，因此金融非中介化对货币政策传导机制造成影响与它们基本一致，不再另作分析。

3.1.1 金融自由化的影响

金融自由化主要包括利率市场化、资本账户开放程度深化和人民币汇率制度的变化。人民币汇率制度的变化对货币政策传导机制的影响主要体现在对汇率渠道的影响上，这部分内容将在汇率渠道部分分析。因此，接下来的内容主要针对利率市场化和资本账户开放程度深化对利率传导渠道的影响展开。

利率市场化，通过取消指定利率和利率上限使得市场利率能更好地反映实际的资金供求状况，有助于实体经济更加有效地使用资金，增强货币政策的利率传导渠道的影响。比如就美国而言，Sellon（2002）认为当存在利率上限时，货币政策对支出的影响往往取决于信贷状况即通过信贷渠道而不是通过利率渠道传导。他表明在撤销利率管制前，支出特别是在住房部门的支出，受到信贷供应减少的影响比提高利率的影响更大。基于这些论点，Sellon 认为在美国取消利率上限的主要后果是利率渠道已经变成货币政策传导机制的一个重要部分。岳意定和赵振华（2004）分析指出利率市场化消除或减轻了实际利率远低于均衡利率的状况，释放了实际利率作为资金价格来调节消费、投资和经济增长的作用，微观主体对于利率的敏感性增强，从而会强化货币政策传导的利率机制。

资本账户开放程度的深化或者说资本账户自由化实现了更多的跨国资本流动。这样的结果是使得整个市场范围更广、竞争性更强，而利率渠道中的各种利率波动性也会变得越来越大，国内市场利率对国际市场利率的反应也会越来越敏感。我国目前针对这一主题的研究还较少，但在国外已有不少研究。De - Bondt（2002，2005）考察了欧元区资本账户开放程度深化发展后政策利率变化对银行存款和和贷款利率的影响。他采用误差修正模型（ECM）和向量自回归方法（VAR），发现 1999 年—

项普通的资本账户开放货币政策使得市场利率传导变快。Sander 和 Kleimeier（2004）也发现欧元区金融系统整合使得资本账户开放程度进一步加深，从而造就了范围更广、竞争性更强的市场，提高了利率渠道中存款利率的传导作用。Carlino 和 DeFina（1998），Heinemann 和 Schüler（2002），Kwapil 和 Scharler（2006），Sorensen 和 Werner（2006），以及 Chionis 和 Leon（2005）也发现了相似的结果。

金融自由化促进更大的竞争，如清除地理障碍或产品的限制，将影响贷款定价和金融服务以及贷款利率如何对货币政策响应的效应。许多专家共同承担的欧元地区国家的研究有力地表明金融系统间竞争越大，金融市场传递就会越快。

3.1.2 金融产品创新的影响

金融产品创新主要包括金融衍生工具、互助基金和商业银行理财这几个方面的创新。衍生工具中又涵盖了资产证券化、利率衍生品和外汇衍生品。这里主要从衍生工具尤其是资产证券化的角度来说明金融产品创新对利率传导渠道的影响，其他方面的金融产品创新影响类似。

一般来说，资产证券化的发展会使得大量微观主体转向证券市场融资，当中央银行试图通过提高利率的方式收缩市场流动性时，资产证券化为市场提供的流动性就会抵消一部分货币政策的效力，减弱了市场受外部力量干预的影响，利率对货币政策的敏感性也随之降低，从而削弱了传统利率传导渠道在货币政策传导机制中的地位。以抵押贷款证券化为例，抵押贷款证券化的不断发展使得抵押贷款市场的广度和深度持续拓宽，贷款成本降低，反过来又促进了抵押贷款证券化市场的发展，随着证券化的不断增长，抵押贷款市场利率将呈现下降趋势。Kolari，Fraser，Anari（1998）的研究发现抵押贷款利率随着抵押贷款市场证券化的增长而下降，并得出结论认为：住房抵押贷款证券化在降低住房抵押贷款的成本方面发挥了重要的作用。Heuson，Passmore，Sparks（2000）的研究则认为虽然抵押贷款利率和证券化增长之间存在反向关系，但二者之间的因果关系很可能是双向的。Kuttner（2000）采用实证分析方法，通过比较资产支持证券和银行贷款的相对增长率，研究得出了资产支持证券和银行贷款的此消彼长干扰了货币政策的实施效果。Estrelle（2001）依据简单的动态 IS 曲线建立结构模型，研究了美国住房抵押市场证券化通过利率渠道影响产出的程度，研究结果表明随着证券化程度加深，实际利率水平对产出的敏感性减弱。岳意定和赵振华（2004）分析认为资产证券化为银行和其他的发行者提供了广阔的融资渠道，无论货币当局怎样变动利率水平，都很难发生资本成本效应，货币供给和投资需求的利率弹性会减小。而且，资产流动性的增强，也大大抑制了货币政策传导的流动性效应，资产证券化削弱了货币当局利率政策的实效性。

房地产信托投资作为广义资产证券化的一种，其发展对利率传导渠道所产生的效应基本与资产证券化一致，削弱了利率传导渠道的作用。

Vrolijk（1997）考察了英国衍生工具市场的发展，运用大量的数据（GDP、价格水平、短期利率和衍生产品交易量），采用 VAR 模型作了实证研究。研究得出：衍生产品没有对经济产生显著的效应，特别是没能针对衍生产品对产出的利率弹性的影响作出有效的分析，但是总结出了衍生产品的发展加强了市场的有效性，利率能够迅速地达到均衡水平的结论。安毅和赵婷（2009）从收入效应和替代效应角度分析了金融衍生品交易对利率渠道产生的影响。研究结果显示：当利率变化时，避险者的消费决策所受影响相对较弱，而风险接受者所受影响增强；

在目前的市场发展和交易技术条件下替代效应还不会发生实质性变化，因此总体说来金融衍生品交易对利率传导渠道有强化作用。

另外，随着新的金融产品不断出现，还会引起货币衡量问题，造成在估计稳定的货币需求函数方面的问题。由于一个稳定的货币需求模型中利率/货币渠道的运作是必不可少的（因为它有助于确保传递是可以预见的，稳定的和有效的），因此世界上大多数国家把中央银行的重点从货币供应量目标转移到针对一个具体的利率。目前央行常见的做法是将政策立场体现在政策利率上，政策立场的变化通过改变政策利率而体现。从世界范围看，这种发展已导致了货币政策传导机制发生改变，如政策利率变动在金融体系的市场利率中体现出来的范围和速度等。由此可以预见，随着我国利率自由化和金融产品的不断创新，也会出现货币衡量的问题，由此导致货币需求函数不稳定，我国央行也很有可能逐步地将货币政策的中介目标从货币供应量向市场利率转变，由此货币政策在利率渠道中的传导作用也会变得越来越大。

金融产品的不断创新在促进金融市场发展的同时，之所以能够对利率传导渠道产生重要的影响，有着其内在的原因。Christian Noyer（2008）认为金融产品创新肯定有助于加强财富效应，从而也可能加强利率渠道。他得出这一结论的理由有三：首先，金融产品创新促进了信息传播和融入金融市场价格的速度。其次，金融创新有助于降低交易成本和促进套利、规避风险、融资和投资决策，从而增加金融资产的持有。最后，金融产品创新往往依赖于更大的杠杆作用，加强了中央银行调整利率的影响力。

总体说来，金融产品的创新对利率传导渠道的影响是多样的，有正效应，也有负效应，总体影响是微不足道的。具体分析金融产品如何影响利率渠道时，需要具体分析金融产品的性质、特征等。

3.1.3 金融技术创新的影响

电子货币（银行卡）和网上银行是金融技术创新的两个重要方面。由于利率及利率渠道货币政策传导效果与货币需求紧密相关，以电子货币（银行卡）和网上银行为代表的金融技术创新对利率渠道传导的影响主要体现在对货币需求的影响方面。我国学者黎冬和符文佳（2001），周光友（2006）通过对电子货币出现后现金需求的变化和信用创造方面的分析均认为，电子货币削弱了利率渠道。

电子货币的运用使获取现金的方式变得直接、便捷，获取现金的附加费用减少，于是人们对持有现金余额的需求也随之减少。网络银行出现以后，客户可以在自己家中通过网络访问自己的存款账户，进行资产转换，增加所持有的 IC 卡中保存的货币价值，通过网络银行支付各种交易费用等，节约了特意往返于公司和银行等机构的精力和费用。电子货币和网络银行的广泛应用使得人们进行资产转换的交易成本降低，导致人们的现金需求余额减少。同时，电子货币和网络银行的运用也会增加经济主体对提取现金的预期方便度（如可随时通过 ATM 取款，或者直接从网上转账，不必考虑银行的作业时间等问题），这也减少了居民的现金需求余额。由此可知，电子货币与网络银行的应用极大地加快了货币流动的速度，减少了人们的现金需求余额。根据鲍莫尔的平方根定律①，现金需求余额与利率之

① 经济主体的交易性货币需求并不与总支出（或总收入）成正比例变化，持有现金余额应有一个最优规模，这个规模和交易总量的平方根成正比。即当经济主体的交易量和手续费减少时，最优的现金余额就减少；而现金的需求余额与利率之间负相关，利率越低，现金需求余额越增加。反之亦然。

间负相关，现金需求余额减少则会导致相应的利率升高。

但是由于电子货币在信用创造方面的作用，会使得人们在一定程度上扩大消费力度，这就有可能增加人们对现金余额的需求。因此综合两方面的因素，货币的需求处于不稳定状态，电子货币和网络银行的出现就会导致利率的上下不平稳波动。同时由于利率的微小波动也会引致经济主体对未来预期的变更，从而导致货币需求的较大波动。这样金融当局在利用货币政策工具通过影响利率而实施货币政策时，会由于上述的反作用而使利率的传导作用减弱。

3.1.4 金融整合的影响

金融整合引起的市场参与者数量下降将会导致竞争性降低，国内银行市场流动性降低而波动性增加，传导程度也就会随之降低。另外，在竞争性相对较弱的金融部门中的金融企业逐渐拥有了较大的自由裁决权，这种自由通过成本变化的可调整价格方式实现。Hannan 和 Berger（1991）、Neumark 和 Sharpe（1992）的实证研究支持了这种观点，因为他们发现利率刚性在高水平聚焦的市场中更加显著。

但是，如果金融整合导致大型强势的银行创建，由于大型的机构经常集中在某几个市场中交易，市场和资产中的利率改变套利更快，因此导致了传导程度和速度的改善。Cottarelli 和 Kourelis（1994）指出，在竞争环境中交易的大型和强势银行的存在增强了传导效应。因此，金融整合对货币市场政策利率传导的影响和市场利率高度依赖于创建的竞争环境。如果这导致竞争增加，传导将会更加有效。

Group of Ten（2001）通过研究发现如果合并导致金融中介机构集中性更强，那么可能会导致借款和贷款利率之间差额更大。它也可能影响货币政策传导机制的滞后性。实证研究表明合并对传导的影响是较小且是不确定的。一些证据表明合并可能导致利率间的差距扩大。一个跨国研究的结论表明进入壁垒而不是市场集中等可能会降低利率的调整。尽管有一些研究基于各种原因提出合并会使传导速度加快，但是中央银行专门小组调查显示合并自身对传导没有重要的影响。欧洲一些央行认为，合并将增加传导的程度和速度。一些应答者表示金融全球化和竞争加剧可能会抵消合并对金融市场竞争的不利影响。

3.1.5 金融市场发展对利率渠道的综合影响

由以上分析可以看出，金融市场发展过程中，有些方面增强了利率渠道的传导效应，而另一些方面则削弱了利率渠道的传导效应，金融市场发展对利率渠道的综合影响是复杂的。最早有关利率渠道传导机制的实证研究中有一项是由 Cottarelli 等（1994）承担的。他们的结果表明，不同的传导可能是由不同的财务结构引起。银行体系的竞争程度，货币市场的发展程度，公共和私营金融机构的所有权和对外竞争壁垒，都有可能解释利率传导上的差异。作者纳入人均 GDP 且把它理解为金融市场发展的代理变量，并把它归结于利率传导区别的另一项原因。然而，拥有较高人均国内生产总值的发达国家更快更有力地传导并没有明显的模式。Borio 和 Fritz（1995）研究了发达国家短期银行贷款利率对政策利率的反应，也发现国家间在速度调整方面会有明显的区别，但是他们没有进一步解释产生这些传导区别的原因。此后，许多学者都开始从事利率渠道的研究。但是，大多数的研究都是在考察传导到市场银行存贷款利率的渠道，而没有考察传导到短期票据利率和长期债券利率的渠道。在非实证论文中，Sellon（2002）讨论了美国过去 30 年的金融系统变化导致了更快更广的利率传导。他指出几个关键的发展可能是导致这种变化的原因，包括撤销存款利率上限和其他的地域性和产品线的障碍，金融系统内部和金融服务产业间的合并，货币市场互助基金的出现和壮大，以房地产抵押作担保的证券增长带来的交易量增长，以及由于大公司已开始通过资本市场满足其融资需求，银行系统转向资本市场的非中介化。Estrella（2002）调查了抵押贷款证券化的影响，发现抵押贷款证券化增加了联邦基金利率传导到抵押贷款利率的效力。

利率渠道从政策利率传导到市场银行存、贷款利率，以及其他的短期票据利率和长期债券利率，这无疑是货币政策传导机制的一个重要方面。利率传导局部确定了货币政策影响总需求和通货膨胀的有效性。利率更快更强的传导意味着货币政策影响资金成本变得更加有效，较慢较弱的传导意味着货币政策在利率渠道的传导有效性降低。

随着我国金融市场的发展，我国货币政策传导机制的利率渠道究竟会产生什么样的变化，是一个值得探讨的问题，本书将在后文选择合适的变量以实证分析的方法来解释我国金融市场发展对利率渠道的综合影响。

3.2 金融市场发展对信贷渠道的影响综述

与对利率渠道的影响分析一样，本书也将从金融自由化、金融产品创新、金融技术创新、金融合并以及金融市场发展的整体状况五个方面谈一下金融市场发展对信贷渠道的影响。

3.2.1 金融自由化的影响

市场化改革使国有金融机构成为金融市场中的独立主体，成为一股很强的市场力量，大大提高了金融市场的效率。一方面，它们受成本收益约束而加强自身的资产负债管理，针对货币当局的货币政策，会及时调整资产负债结构，例如会改变信贷质量和数量，并对货币供应量产生影响，从而加强货币政策的有效传导。随着我国加入WTO，商业银行还必须在巴塞尔协议的框架下进行资产负债管理，货币和信贷水平会受到其限制，从而引起货币政策通过巴塞尔协议进行传导。另一方面，它们追求自己目标的最大化，在一定程度上又会逆货币当局的政策意图而行。从而阻碍货币政策的传导渠道，削弱货币政策效应（岳意定，赵振华，2004）。

3.2.2 金融产品创新的影响

目前，研究一般认为金融产品创新削弱了货币政策传导机制中信贷渠道的作用。以资产证券化为例来说，资产证券化根据发起人的性质不同，可以划分为银行信贷资产证券化及企业资产证券化。因此，分析资产证券化对信贷渠道的影响需要从银行和企业两个方面着手。就银行而言，资产证券化使其通过将原本缺乏流动性的贷款等资产转变为可流通的证券产品继而进行融资。首先，由于通过这种方式筹集到的资金不是通过吸收存款的方式得到，因此这部分资金不需要按一定比例向央行交纳准备金，从而不会受到准备金制度的影响，结果就会导致中央银行通过准备金制度调控银行信贷行为的效率下降。其次，银行通过证券化产品融资获得的资金，可以再贷款出去，这样不断循环，使得银行可贷资金增加，信贷规模放大，因此中央银行通过对商业银行存款准备金调控的方式控制可贷资金规模的作用被弱化了。总的说来，从银行角度看，货币政策传导的信贷渠道作用减弱。就企业而言，资产证券化通过对资产实行真实出售、破产隔离等方式的证券化结构设计和信用增级等手段，可以有效降低企业的融资成本，这样企业就有动力减少银行贷款，转而通过证券化改善企业资产负债结构。同时，资产证券化不再以贷款者的整体信用为基础，而以特定资产信用为基础，以被证券化的基础资产所产生的现金流作为支持发行证券，这样就会使一些在传统方式下难以直接在资本市场发行证券融资的企业进入资本市场筹集资金，它们对银行贷款的依赖度有可能会下降。总之，资产证券化通过给需要借款的各微观主体提供一个可以替代银行贷款的融资渠道，不可避免地造成银行贷款规模相对下降，弱化了货币政策传导的信贷渠道。

Kuttner（2000）采用实证分析方法，通过比较资产支持证券和银行贷款的相对增长率，研究得出了资产支持证券和银行贷款的此消彼长干扰了货币政策的实施效果的结论。岳意定和赵振华（2004）指出证券化的融资能力为银行信贷和企业借款带来了更大的弹性，对于中央银行提供的准备金需求减少，使得货币当局难以控制信贷流量，并且信贷量与投资需求的相关性也大大减弱，削弱了货币政策传导的信贷渠道。Elena Loutskina 和 Philip E. Strahan（2006）分析指出证券化削弱了银行融资条件到信贷供给的联系，从而降低了货币政策的实际效应。周丹等（2007）撰文说明银行信贷资产证券化和企业资产证券化都以不同的方式对货币政策传导产生了影响，但从总体上看它们都将会导致货币政策效力的减弱。朱华培（2008）采用 VAR 模型实证分析资产证券化对美国货币政策传导渠道的影响，研究结果表明货币政策对与资产证券化有关市场变量的影响力在减弱，资产证券化的融资渠道逐步取代传统信用借贷渠道的趋势在加强，证实了资产证券化的发展导致货币政策传导机制中信用传导渠道的效率下降。

但是，近年来对于金融产品创新对信贷渠道的影响也有一些相反观点出现。Christian Noyer（2008）总结以往的研究成果指出：以往研究普遍认为银行通过使用信贷市场的创新产品，例如贷款销售和证券化使得信贷风险多样化并增加贷款量，由此银行贷款对市场的影响力增强，即信贷市场的金融产品创新能够增强货币政策传导的银行贷款渠道。但是，Christian Noyer研究认为金融产品创新使企业更广泛地进入证券市场，因此使它们越来越少地依赖于银行的资金。同样，银行可能会更有能力发行债券且较少依赖于约束自己资金的存款。此外，银行的证券化活动可以缓解它们的资金周转困难，从而进一步削弱了信贷渠道。因此，Christian Noye 总结出金融产品创新大大削弱了传统的银行贷款渠道。但是，值得注意的是，Christian Noye的研究并没有停滞于此，他进一步分析中又发现最近的研究在强调潜在的银行资本监管和市场纪律，以塑造一个银行资本的货币政策传导渠道。这个银行资本渠道被看做是银行和债权人之间的标准银行组织问题的一个扩展，它可以强化标准金融加速器机制。最后强调金融创新浪潮可能消退，未来银行业的资源与分配模型是一个新的专题工作，目前正处于金融中介作用恢复过程中，因此他认为这可能意味着金融产品创新最终加强了信贷渠道。安毅和赵婷（2009）从银行信贷、企业和居民的资产负债表渠道研究了金融衍生产品交易对信贷渠道的影响。结果表明，就银行信贷活动本身而言，目前还很难判断银行信贷渠道是否真的出现实质性削弱或增强。就企业资产负债表角度而言，信贷渠道明显削弱。

综上所述，要弄清楚金融产品创新究竟如何影响货币政策传导的信贷渠道，与其对利率渠道的影响一样，还要进一步区分各种市场上金融产品的创新，以及相应的货币政策影响效力，有可能这个货币政策效力降低的同时另外一种货币政策效力却在增强，这需要具体分析金融产品的性质、特征、发行过程等方面的内容。

3.2.3 金融技术创新的影响

同利率渠道一致，金融技术创新的影响也以电子货币和网络银行为代表。由于世界上大多数国家的中央银行尚未对电子货币存款作出法定准备金要求，这就使得中央银行通过调整法定准备金率来控制商业银行信贷规模的能力下降。首先，电子货币和网上银行的出现，拓宽了商业银行资金来源的渠道，使商业银行快速、便捷地远程融通资金成为可能，即使中央银行想对商业银行信用进行控制，由于商业银行可以到不受管制的国外货币市场借款，因此使得中央银行对商业银行的控制能力下降。其次，随着多种融资方式的出现，银行信用占社会总信用的比重持续下降，这也减弱了银行贷款途径的效果。

电子货币和网上银行加速了货币流通速度，各种金融资产之间的界限淡化的同时，它们之间的相互转化更为容易，这样，企业在借款时有了越来越多的选择余地，当企业遇到资金困难时，筹集资金的渠道更多样化了，而不再局限于向商业银行借款。即使是资产负债表状况不佳的企业，在办理相关手续后，也可以发行债券，投资者并不因这些债券的信用等级偏低而抛弃它们。事实上，在不少国家，专门对这类“垃圾债券”进行投资的投资者大有人在。因此，在企业获取资金的渠道日益增加的情况下，资产负债表途径的效用逐渐减弱（周光友，2006）。

3.2.4 金融整合的影响

由金融整合导致的大型强势银行的建立可能会抑制银行贷款渠道。大型新的合并银行通常可以更好地获得基金的替代资源，因为其拥有较低的信息成本，这意味着它们的贷款活动将受货币政策行动的影响较小。另外，如果合并过程降低了中小银行的份额，银行贷款供给的紧缩性货币政策的效应将会降低，进一步就会削弱信贷渠道。由于进入资本市场的小企业可能会受到限制，金融机构将可能继续成为中型和小型企业部门的主要贷款方。在一定范围内，这一部门在经济中仍然大量存在，银行贷款渠道可能会继续是一个有效的传导渠道。

The Group of Ten（2001）承担了一项复杂的研究，研究内容是关于包含对货币政策合并效应的金融整合。报告推断金融整合对货币政策施加负效应。同时报告中也意识到评价并购对利率传导和相关渠道的重要性的独立影响非常难，因为在很多国家并购伴随着其他金融市场变化，如新技术的引入、金融替代资源的进入壁垒的取消和进入方式的改善。研究指出：有一些证据表明，在货币政策紧缩条件下，大银行比规模较小的银行更容易筹集到供给贷款的资金，因此并购可能会减少银行贷款渠道的重要性。研究结果还显示：如果并购影响了借款者提供抵押品，就可能影响资产负债表渠道，但是涉及的理论关系还不清楚，实证研究证据也是模棱两可的。Morsink 和 Bayoumi（2001）调查了日本金融中介在货币政策传导中的角色。他们发现日本在 1982—1998 年银行贷款继续对金融中介施加重要影响。作者将出现的结果归因于许多非金融私营部门缺乏替代性借款，因为无论是证券市场还是政府金融机构提供的贷款都没有提供对银行贷款变化的明显抵消。总体来说，任何降低信贷市场不完善性的发展（如增加公司的透明度）都会使得公司从资本市场获得融资更容易，且交易的技术创新可以改善市场准入，从而有可能减少银行贷款渠道的重要性。

对银行机构而言，资本市场发挥更大作用也有利于银行从以自身的传统业务为基础的活动（包括通过存款筹集资金和通过贷款释放这些资金）转向其他的收费活动。最重要的是，资本市场的发展为银行提供了一种替代的资金来源渠道，从而减少了提供信贷资金的限制。因此，基于资源约束前提下银行的贷款渠道有可能已影响力较小。不同国家信贷渠道更大的金融非中介化的影响仍然存在实证问题，有可能由于国家时间的不同而改变，这都要基于资本市场发展的深度和广度以及经济中借款者的结构情况，即小型和大型公司的构成。

事实上，家庭部门的类似变化对不同的传导渠道的相对重要性程度也会造成影响。Mojon（2000）考察了非金融组织的资产负债表结构和它怎样影响利息收入和支付的敏感性以及货币市场利率变化下的财富效应，以及这些对德国、西班牙、法国和意大利的利率传导渠道的影响。他认为，不同的财务结构对利率渠道强度影响显著。Mylonas 等（2000）关于 OECD 国家的研究证明财富从银行存款转移到互助基金、养老基金和直接持有债券和股票。这项研究假设可能影响这种金融非中介化的是，更大一部分总财富现在可能对一般市场走势波动更加敏感，对估值改变显得更加脆弱。如果是这样，这些发展就会提高货币政策通过财富渠道影响实际变量的潜力。

从货币传导机制的信贷渠道角度来看，抵押品在贷款过程中扮演着一个非常重要的角色。但是合并是否会改善或恶化贷款方和借款方的不对称信息问题并不清楚，信息不对称强化了抵押品的作用。如果大型的资产状况良好的银行可以承担新技术带来的借款风险，由此将会使信贷风险评估更加有效，然后就会减少抵押品的需求，从而降低了资产负债表渠道在货币政策冲击传导中的作用。如果一家大型跨国银行收购了一家小型的当地银行，将会造成当地资源的损失，因此有必要更多地使用担保。这将会提高资产负债表渠道在货币传导机制中的地位。

3.2.5 金融市场发展对信贷渠道的综合影响

由上文分析可以看出，金融市场发展的一些方面增强了信贷渠道的传导效应，而另一些方面则削弱了信贷渠道的传导效应，金融市场发展对信贷渠道的综合影响是复杂的。但从总体上看，金融市场的发展对信贷渠道传导效应的削弱作用比较大。

3.3 金融市场发展对资产价格渠道的影响综述

随着传统商业银行地位的下降，金融市场尤其是资本市场在金融活动中的地位日益增强，金融创新产生了大量新的金融资产，货币政策的传导也发生了显著变化，资产价格波动对货币政策传导效应的影响越来越值得关注。

当前，国内外学者主要针对金融产品创新对资产价格传导渠道的影响进行了研究。岳意定和赵振华（2004）发现资产证券化可以起到增加发起人实际财富的作用，从而会增加对消费和投资的需求，引起财富效应。衍生产品市场比具有更高成本的现货市场对货币政策的反应更快。衍生产品和现货市场之间的联系和反馈使其对政策冲击的反应更快，并放大了价格波动。最终结果就是金融市场价格面对货币政策冲击作出更加及时和迅速的调整。在大规模使用衍生产品之前，现货市场价格特别是债券市场利率已经对政策变化作出了快速反应。因此，日益增加的衍生产品交易只是产生了边际影响，进一步加速了金融资产价格的传导（杨炘、张哲，2006）。安毅和赵婷（2009）从托宾 q 效应和财富效应两个方面分析了金融衍生产品交易对资产价格渠道的影响。研究得出衍生品交易对这两个渠道具有不同的影响：普通公众的托宾 q 效应影响不大；机构投资者的托宾 q 效应增强；财富效应目前不会面临衍生品交易的挑战。综合投资和消费两个方面的变化得出结论，衍生品的发展最终从增加总效应上强化了货币政策在资产价格渠道的传导。

3.4 金融市场发展对汇率渠道的影响综述

资本市场的对外开放以及汇率制度的变化，加强了国内市场与国外市场之间的联系，国际上汇率波动和国际资本的流动也会影响到本国的货币流通、产出、价格等方面，从而加强了货币政策的国际传导，汇率效应就成为影响货币政策传导的一个关键因素（岳意定、赵振华，2004）。

对汇率渠道的影响分析，一般从两个角度展开：一是出口效应；二是利率平价效应。就出口效应而言，当面临货币政策冲击时，由于日益增多的金融产品存在，市场主体会更加迅速地进行套利，从而推动市场远期汇率和利率反向变化。因此，货币政策在短期内可以迅速影响进出口，但远期而言影响会降低。就利率平价效应而言，随着金融产品不断创新，外汇市场的流动性在不断提高，套利成本随之日渐下降，结果将加强利率平价关系。杨炘和张哲（2006）从出口和利率平价两方面进行了论述。安毅和赵婷（2009）分别从浮动汇率制度和固定汇率制度两个方面，利率平价效应和资产组合两个角度讨论了衍生品对汇率渠道的影响。

3.5 金融市场发展对预期渠道的影响综述

心理预期分析理论认为：只有在适应预期下宏观经济调控

政策才有效，而在理性预期下则政策无效。我国的公众由于享受信息不充分，因此往往是介于适应性预期与理性预期之间的过渡状态。这就使心理预期因素在货币政策效力中发挥越来越重要的作用。由于心理预期是对一定客观经济条件下未来方向的心理感受，其作用方向也取决于未来预期和政策的一致性，因此，在经济低迷、失业增加的条件下，人们对政府信心下降，对货币政策效力预期不积极。

近年来，随着金融市场的不断发展，人们越来越认识到必须对未来的货币政策进行预期的重要性。由于价格变动和重新谈判合同会增加成本，因此企业在对商品进行定价和确定工资水平时需要具有前瞻性。

当承诺通过货币政策来降低通货膨胀率可信时，货币政策的效力就可以通过形成通货膨胀预期而加强。企业对未来货币政策的预期反馈到目前，就会降低利率波动，从而稳定经济。面对扩张性需求冲击（如临时增加公共开支），如果货币当局承诺降低通货膨胀是可信的，企业对货币政策形成预期，就会提高短期利率以抵消通货膨胀的压力。这种视角使通胀预期固定，因此工资谈判和价格的确定过程就不会被扰乱。由于工资事实上被纳入考虑，因此消费需求和公司的劳动力成本没有进一步增加（不考虑第二轮效应）。此外，由于货币政策效应抵消的波动能够预计，公司就不会面临信号提取问题，Lucas（1972）表明考虑货币政策预期后，定价过程就不会受到影响。另一方面，在成本推动的冲击下，货币政策的可信度和预期的固定变得比央行可以较少关注通货膨胀被扰乱而适应波动更重要。信誉使货币政策面临稳定通胀和产出之间的权衡，降低了通货膨胀稳定的变动率（Clarida 等，1999；Woodford，2001）。其中的一个重要因素就是形成通胀预期的一个重要方面是货币政策的透明度，因为它允许企业可以更深入地了解中央银行对不同通货膨胀压力的反应（JoséJ.，Sidaoui 和 Manuel Ramos - Francia，2008）。

3.6 金融市场发展对货币政策传导机制整体效应的影响综述

这部分主要是在文献回顾的基础上，从整体角度对金融市场发展给货币政策传导机制的影响进行综述，总结前人研究成果，找出每一种发展因素对货币政策传导机制的整体影响效应。

3.6.1 金融自由化的影响

Mar Gudmundsson（2007）重点讨论了金融全球化过程及其对货币政策传导机制的影响，讨论的对象主要集中在两种背景的国家，即已经采用了浮动汇率和通货膨胀目标的中小型发达国家以及新兴市场国家。他在研究中重点分析了利率渠道和汇率渠道，结果表明货币政策传导的利率渠道随着国内金融市场的发展而增强，资本转移的自由化进一步推动了国内金融自由化的发展，从而增强利率渠道。但是，理论上认为金融全球化将逐渐削弱甚至完全阻碍不能够影响全球金融条件的小型开放经济体的利率渠道，这样就会使汇率渠道转向通货膨胀目标和提供某些短期稳定。Frederics. Mishkin（2009）从四个方面考察了全球化对货币政策传导机制的影响，得出结论如下：全球化没有在国内产出缺口和国内货币政策上降低通货膨胀的敏感性；在国内通货膨胀过程中，外国产出缺口并没有占据主导地位；国内货币政策依然能够控制国内市场利率，稳定总产出和通货膨胀；除了影响通货膨胀和利率外，全球化还从其他方面影响货币政策传导机制。

3.6.2 金融产品创新的影响

在过去的30年中，证券和衍生工具逐步引入，但只是在近几年出现市场规模增长并且变得非常复杂。证券化使得非现金金融资产转化为高流动性、市场化的资本市场资产。更确切地说，资产证券化使得金融机构以债券的形式重新包装和安排它们的贷款，由此使它们的贷款活动受到较少的限制，最终与市场条件更加地契合。另外，银行中包括证券化和债券发行同步等基于费用的活动使得非金融部门支付的利率接近于一般市场利率，且对一般市场利率敏感。

金融衍生工具的大规模使用已成为一个金融市场全球化的主要特点。衍生产品用于对冲风险和经济主体间特定相关证券的特定风险的转移。它们也可以产生高度杠杆作用，由此提升交易数量降低资金成本。另外，衍生产品也可以使得在不同资产间套利变得更加容易，比如增加了资产间的可替代性。Mylonas等（2000）基于BIS的OECD国家数据研究证明住房抵押贷款证券（MBS）市场和利率衍生工具的场外交易（OTC）市场快速增长。

研究表明，衍生工具的大规模使用对货币传导有两个重要的影响：

第一，由于衍生产品可以通过金融市场增加资产的可替代性，因此衍生工具的大规模使用通过扩展短期利率到其他市场资产价格的政策利率变化的影响来改善传导有效性。事实上，Cohen（1996）基于美国、德国、日本的数据进行了实证评估，指出衍生产品加快了新的信息融入资产价格，由此带来更大的资产替换性。另外，政府证券基础上的利率期权合约可以用来防范企业证券利率的变动。这种做法加强了政府和公司债券市场之间的联系，从而加强了短期和长期利率的关系。因此，Mylonas 等（2000）认为，金融衍生工具是增加资产价格对货币政策行动敏感性的另一个原因，增加了政策利率到各种金融资产回报率变化的程度。

第二，帮助建立了一个金融市场对货币政策变化的反应具有较少突发或极端情况的系统，因为这些衍生工具的目标是帮助公司对收入和偿债费用不可预期的变化保持隔离或至少暂时隔离。然而，这仍然是一个猜想，因为这个假设的实践测试相当困难。

Coenraad Vrolijk（1997）将研究视角放在衍生工具市场对货币政策传导机制的影响上，分别独立分析了衍生工具市场的兴起对利率、信贷、汇率渠道的影响效应。他认为，从理论上说，衍生品交易加快了金融资产价格的传导，但传导到实体经济中的变化是不明确的。他采用 SVAR 模型对英国衍生工具市场发展对总产出和通货膨胀的影响进行了实证分析，但是他的实证估计无法从统计学角度找到衍生产品对英国货币政策传导机制影响的有力证据。

Estrella（2002）的实证研究发现证券化在美国影响货币政策对实际产出的有效性。尤其是当抵押贷款利率敏感性较高同时伴随着较高的证券化程度时，总产出对于联邦基金利率的敏感性下降。由此，他建议，政策通过抵押贷款市场传导主要通过流动性和中介信贷供应变化，因此，影响的是信贷渠道，而不是利率渠道。另外，Gomez 等（2005）推断货币政策在短期内失去了影响实际变量的效应，主要归结于货币传导渠道的部分摊薄/减损，如信贷渠道，由衍生工具暗含的金融市场竞争导致。其假设为，越来越多的证券化会导致传统银行贷款渠道重要性越来越低。但是，Gomez 等的论点是基于货币政策主要是在信贷市场运作和证券化改变了这些市场并且降低了货币政策的有效性的前提下形成的。通过建立企业投资行为的部分均衡模型，Fender（2000）得到了和 Gomez 等相似的结论。另外，Loutskina 和 Strahan（2006），Edwards 和 Mishkin（1995）也找到了如衍生工具和证券化等金融创新出现削弱了银行贷款渠道的证据。

住房抵押贷款证券化问题已引起广泛的研究，因为它暗含着通过住房部门的货币政策传导。McCarthy 和 Peach（2002）评估由于部门开放和实行抵押贷款证券化对货币传导到这个部门可能会产生的变化。他们发现抵押贷款证券降低了住房部门对货币政策的反应。Aoki 等（2002）提出英国的住房价格和消费可能会由于金融创新而改变，如基于金融加速器模型的按揭证券。他们的模型表明，由于存在着抵押资产，因此消费更多地响应货币政策变化，但住房变量和抵押品价值往往反应较小。Kuttner 和 Mosser（2002）提供了一个极好的金融创新和货币政策传导一些研究方面的总结。

BIS（1994）调查显示金融衍生产品的发展会使政策变动在金融市场传递得更快，金融衍生产品导致的市场效率和资产可替换性的增强都会使货币政策传导速度更快。岳意定和赵振华（2004）从理论上考察了各个方面的金融创新对货币政策传导机制的影响，研究得出有的金融创新加强了货币政策的传导渠道，有的则相反，即金融创新对货币政策的影响具有非平衡性。杨炘和张哲（2006）研究认为衍生产品对不同资产之间的政策传递具有很大的影响，通过外汇渠道和相关资产之间的套期保值发生作用。一般而言，日益增加的衍生产品交易只产生了边际影响，即进一步加速了金融资产价格的传导。但对于流动性较差的资产，如银行借贷利率，价格变化大大加速增强了政策的影响强度（如住房贷款利率和抵押利率的变化）。从最低程度看，衍生产品提供了新的传导渠道；从最高程度看，衍生产品剧烈地改变了传统的传导机制。Mario Draghi（2007）讨论了新的金融工具对货币政策的影响。周丹，王恩裕（2007）就资产证券化对货币政策可能产生的潜在影响进行初步探讨，认为资产证券化通过银行信贷和利率渠道削弱了货币政策的效力。法国银行行长 Christian Noyer（2008）在国际货币基金组织会议发言中称金融危机的爆发说明金融创新（如技术创新）进展并不顺利，分析了最近一轮的金融创新是如何影响货币政策传导过程的。他认为金融创新对货币政策传导机制的影响通过改变货币政策传导渠道和改变货币政策的整体效应来体现。但是由于金融全球化等其他不容易衡量的因素也在起作用，因此很难确切地说一段时间内金融创新变化的范围和影响程度。分析过程中他认为金融创新可能加强利率渠道，削弱传统的银行贷款渠道。但是值得注意的一点是他提出金融创新浪潮可能消退，目前情况显示金融中介作用正在恢复，这可能意味着最终加强了信贷渠道。安毅和赵婷（2009）指出各类金融衍生品使交易者的风险对冲能力大大增强，在一定程度上削弱了货币政策效果。衍生品具有杠杆性、远期性等特征，同时具有转移风险、改变资产性质等重要用途。这些特有的属性和功能，以及所隐含的财富效应，从两个方面影响着货币政策的传导效应，并使其趋于复杂化。一方面，衍生品创新大大提高了金融资产的替代性和流动性，使货币政策的传导更加全面、快速和便利；另一方面，市场主体利用衍生品规避风险的交易活动会延缓货币政策的不利冲击，并在某些方面改变市场参加者的投资和消费行为。由于货币政策具有不同的传导渠道，因此衍生品交易对其所产生的影响作用也存在较大差异。

总体而言，金融创新对货币政策传导的影响仍然有争议。货币政策通过资产价值效应可能非常有力，这样就可以通过利率和财富渠道加强对总需求的直接影响。但是，货币政策可能需要更长的时间对经济产生一定的影响力，财富效应需要更长的时间才能发挥出来。同时，金融创新通过提高市场流动性导致信贷市场深化，将产生货币政策改变不容易通过信贷渠道受到影响的市场。

3.6.3 金融技术创新的影响

金融市场在过去的20年中经历着快速的技术性变化，结算支付技术尤为明显。支票、借记卡和信用卡作为更加方便的支付模式影响着货币流动的速度。Arnone 和 Bandiera（2004）讨论了与电子货币、央行公开市场操作和货币政策效应相关的主题。他们推断只要央行继续开展公开市场操作并且保持对短期利率的控制，同时只是将货币供给作为一个信息变量，数字货币不太可能对货币政策传导造成影响。

信用卡的使用允许更大的消费空间，并且在某种程度上提升了花费量。在一定程度上，信用卡利率的传输范围非常大而且迅速，货币政策行动对消费和花费的影响将会非常显著。另一方面，由于信用卡提供了一种融资方式，类似于个人贷款，货币政策的利率变化对家庭财富的收入效应将会变小，因为信用卡可以用来缓冲这种影响。

John Hawkins（2001）认为越来越多地使用互联网技术将以多种方式影响传导机制，如对金融机构、金融市场交易的影响和实体经济行为变化等。他假设电子货币、金融、经济和贸易会对组织的行为造成影响，他们鼓励着更多的消费和投资。比如说，新型支付技术的引入带来较低的交易成本可能促使小额投资者直接在股票市场投资，这样就会加重财富渠道在货币政策冲击机制中的地位。进一步说，如果由于新技术的引入，对冲汇率和利率的通货膨胀变得更加容易且便宜，那么实际活动和利率之间的关系变化将更大。不管怎样，由于这些发展都是相对近期产生的，因此采用实证研究确定这些主题将会有缺陷，由此之前的讨论仍然停留在推测阶段。伴随着电子金融，以前受到限制的公司可能成为一个更加广泛的潜在贷款者的范围，包括那些在银行系统外的贷款者，这样就削弱了银行贷款渠道。一般来说，应用互联网技术的实际经济可能会被认为最有可能加快货币政策的影响，但是一些电子金融的发展将减弱或至少减缓货币紧缩政策的影响。电子经纪零售市场的扩展可能会增加财富效应在货币政策传导机制中的重要性。Ahem Wellink（2001）探讨了新技术对实施货币政策的影响。他将新技术与信息交流技术（ICT）和“新经济”联系视为同一概念，认为新经济对货币政策传导有着重要的影响，但是新经济对实施货币政策究竟有怎样的影响还不清楚。周光友（2006）将电子货币引入货币政策的分析框架，深入分析了电子货币发展对货币政策传导机制的影响：电子货币降低了中央银行对基础货币的控制能力；削弱了传统货币政策传导途径的效用；增大了货币政策传导时滞的不确定性。耿运栋和魏来（2007）研究了新型支付方式对货币乘数的影响，认为新型支付方式扩大了货币乘数。

3.6.4 金融非中介化的影响

Schmidt 等（1997）讨论了金融中介的理论基础。基于 Townsend（1979），Diamond 和 Dybvig（1983），Diamond（1984）和其他人的理论认为，金融机构是一种特殊类型的中介机构，在特定条件下可以比其他金融市场参与者更好地解决储蓄者和借款人之间的具体信息和激励问题。这是银行作为金融中介机构重要性的原因，并因此强化银行机构在货币政策冲击传导中的作用。它还意味着金融中介性质的变化对货币政策传导机制运作可能会产生重大影响。

朱刚（2008）从理论和实证角度分析了金融非中介化对货

币政策中介目标的影响，研究结果表明其会削弱中介目标的作用。

金融非中介化意味着减少了借款人对银行部门的依赖，并因此减少了银行贷款渠道的作用。最近几年一个关键的发展是一直在快速增长的资本市场，资本市场发展的一个重要结果是金融中介越来越多地脱离金融系统，因为许多借贷者及投资者已经从银行部门转向资本市场。简单地说，资本市场的发展通过更广泛的投资和借贷手段为家庭和企业提供了投资和融资的替代途径，如股票、不同类型的债券和证券，以及互助基金等专门的投资工具。

鉴于近期越来越多文献将金融非中介化重新纳入到宏观经济模型中，且尝试得出央行政策需要调整以适应金融中介结构变化的结论，Hans Genberg 在归纳总结金融非中介的演化过程基础上，讨论金融非中介和货币政策的运作程序，分析当金融非中介作用相当重要时货币政策的有效性。结论表明，金融非中介范围的扩大直接影响货币政策的实施。

3.6.5 金融市场发展的综合影响

David Archer 考察了新兴市场经济中银行系统近期变化和操作层次实施货币政策之间的关系。他将视角集中在货币政策运作机制和政策冲击对更广泛经济传导的有效性变化上，主要讨论了与银行系统结构发展变化相关的货币政策传导机制演化。Hyun E. Kim（1999）采用实证方法研究韩国在金融危机之后信贷渠道是否仍然是主要的货币政策传导渠道，建立银行贷款市场的非均衡模型以确定信贷紧缩及其强度的特征和危机过后的强度。他由此发现了金融危机之后信贷渠道的实践重要性。M S Mohanty 和 Philip Turner（2008）简述了近年来货币政策传导各个渠道重要性的变化，并进一步分析了家庭、公司和银行系统资产负债表的变化对传导机制的影响。

Singh（2007）在2007年8月国际清算银行（BIS）和马来西亚中央银行在吉隆坡召开的会议论文中，从理论角度分析发现：金融市场的发展趋向于强化利率渠道和资产价格渠道，削弱银行贷款渠道，并且对资产负债表渠道有着混合的影响；以实证分析的方法证明了金融市场的发展强化了政策利率到市场利率的传导；还推断金融市场的发展使得金融市场竞争加剧和多样化，从而强化了利率渠道传导的速度和范围。Axel A Weber（2008）认为在过去的10年中，金融市场最显著的变化是新的金融产品大范围出现，更加激烈的竞争，证券化活动的显著增加，金融非中介化和银行部门的合并。他认为这些发展对货币政策传导的整体效应还不清楚，但实证理论提供了一些有用的提示：竞争性增强，同时强化了金融投资可替代的基于市场的资本工具的可用性，扩大或加速了货币政策变化传导到银行利率的效应，利率渠道得到强化，银行贷款渠道重要性降低；额外的融资机会需要更大份额的市场基础产品，随着这些产品的标准化，抵押品将可能发生越来越重要的作用，潜在地加强了资产负债表渠道的重要性。但是，还是没有证据可以说明金融市场发展是如何在总产出和通货膨胀方面改变欧元区货币政策传导过程的。尽管Axel A Weber，Rafael Gerke和Andreas Worms（2009）试图通过采用VAR模型找到金融市场发展对欧元区货币政策传导的整体效应，但是他们发现金融市场的发展对货币政策不同传导渠道的影响可能会相互抵消，在整体效应上表现为不变。

3.7 文献综述小结

总而言之，现有的关于由金融自由化、金融非中介化、金融创新等金融市场的发展演变而导致的货币政策传导机制的可能性改变的文献已非常多。这些文献的大部分篇幅集中论述具体的传导渠道（如利率渠道），传导链的选定阶段（如菲利普斯曲线），以及可能引致可疑性变化的单个因素（如资产证券化）。如此狭窄的视角有其优点，但同时也带来许多问题。其中，结论的不确定性就是一个主要问题。毕竟由某个特定因素引致的某一传导渠道改变的实证鉴定需要完成来自其他潜在影响的驱动因素的经验隔离。在应用方面，出于以下原因，这被认为很艰巨。首先，传导过程十分复杂，并由许多共存且相互缠结的渠道构成，这些渠道在传导过程的后期阶段更加难以分离（参见 Eg Worms，2004）。其次，由于结构突变的潜在因素经常同时发生且不相互独立，它们很难识别、衡量和分离。最后，伴随特定渠道和单因素而来的另一个限制，是评价货币政策的整体效果是否改变的不可能性。之前的讨论已经表明这种变化的净效果，不管于理论还是实证层面都是一个开放性问题。很可能由于不同的驱动力量同时朝相反方向发生作用而导致作用在整体动态和货币政策传导力量上的最终净效果是可以忽略的，然而与此同时，某一特定渠道或货币政策传导过程的某一阶段则被显著影响。在这种情况下，集中在一种具体的传导渠道上就难免有误导性，因为它会对货币政策、通货膨胀和产出的最终效果产生极其有限的影响。

然而，我们还是认为，通过独立于可能影响金融市场发展具体原因的货币传导潜在断点日期来另辟蹊径，并核查货币传导过程对产出和通货膨胀的影响整体上看是否发生改变，是值得的。因此我们发现值得采用不同的路线，通过在金融市场发展历程中识别出货币政策传导机制的潜在断点日期，并检验货币政策传导到产出和通货膨胀过程是否有整体的变化。为了做到这一点，有必要总体地看待数据，而不要施加过多的先验限制。这种方法的其他例子包括基于 VAR 的贡献，如 Peersman 和 Smets（2003），Angeloni 和 Ehrmann（2003）或（基于优化）结构模型，如 Smets 和 Wouters（2003）或 Christiano 等（2007）。

本书主要采用单位根检验、协整检验、格兰杰因果检验、向量自回归 VAR、脉冲响应函数等计量方法。通过单位根检验来检验数据的平稳性，通过协整检验和格兰杰因果检验方法来检验金融产品创新对货币政策中介目标和最终目标之间的相关性程度的影响，通过向量自回归 VAR、脉冲响应函数等方法来检验金融市场发展对货币政策中介目标的可控性和货币政策传导机制渠道选择的影响。

第4章

我国金融市场的演变与发展现状

唯物辩证法的两个总特征——联系的观点和发展的观点，对我们认识世界，改造世界具有重大的指导意义。认识和把握事物发展的普遍联系及系统性能帮助我们正确地观察、分析和解决实际问题，能使我们正确地开展科学研究和实践活动。科学的任务最重要的是揭示事物的规律，而要揭示和把握规律，就必须具体地分析事物的各种运动变化，从中发现事物的本质联系。理论研究与历史实践经验表明，货币政策与金融市场之间存在着密切的关系。金融市场是货币政策传导的市场基础和重要渠道，在整个货币政策传导机制中扮演着极其重要的角色。完善的金融市场是货币政策传递极为有力的途径，同时货币政策又被称做完善金融市场的“催化剂”。随着当代经济和金融的不断发展，货币政策与金融市场之间的关系更是日益密切。金融市场不仅对货币政策的实施有着重要影响，而且随着市场经济的发展，尤其是中国加入 WTO 之后，其调节经济运行和传递货币政策的作用也日益凸显，金融市场在整个货币政策传导过程中正发挥着越来越重要的作用。

自1990 年以来，我国的金融市场发生了显著的变化，主要表现在以下几个方面：金融自由化、金融产品创新、金融技术创新、金融整合、金融系统深化和结构性变化等（见表4－1）。本文将研究视角重点放在目前我国金融系统中已经出现的变化和一些在不久的将来可能出现的变化上。具体而言，本章将分别从金融自由化、金融产品创新（主要集中于衍生工具、证券化不动产投资信托基金和商业银行理财产品）、金融技术创新（主要集中于电子货币和网上银行）、金融整合（主要集中于金融机构之间的兼并和收购）以及金融非中介化这五个方面对金融市场的发展情况进行总结。金融市场发展的这几个方面内容之间存在较强的内在联系（见图 4－1），金融系统的深化和结构性变化是前述内容发展的一个必然结果，因此在本文中不另作分析。

表4-1 我国金融市场发展的表现

<table>
<tr><th>变化类别</th><th>具体变化</th><th>变化类别</th><th colspan="2">具体变化</th></tr>
<tr><td rowspan="3">金融自由化</td><td>撤销利率管制</td><td rowspan="11">金融系统深化</td><td rowspan="3">资本市场发展</td><td>股票市场</td></tr>
<tr><td>资本账户自由化</td><td>债券市场</td></tr>
<tr><td>人民币汇率制度变化</td><td>单位信托基金/互助基金</td></tr>
<tr><td rowspan="5">金融产品创新</td><td>私人股本</td><td rowspan="5">信贷市场不完美性降低</td><td>企业透明度增强</td></tr>
<tr><td>互助基金，不动产投资信托基金（REITs）等</td><td>企业市场融资更容易</td></tr>
<tr><td>衍生工具</td><td>IT成就降低了控制和评估成本</td></tr>
<tr><td>风险资本</td><td>贸易和行业环境的技术改进</td></tr>
<tr><td>商业银行理财产品</td><td>评级机构</td></tr>
<tr><td rowspan="3">金融技术创新</td><td>ATM</td><td rowspan="2">金融非中介化</td><td>更多地从资本市场融资</td></tr>
<tr><td>网上银行</td><td>银行在短期内拥有贷款，贷款证券化</td></tr>
<tr><td>电子货币（借记卡/信贷卡，虚拟货币等）</td><td>微观金融</td><td>以前金融业外的经济主体逐渐列入金融范围（现金小额交易，非正规市场）</td></tr>
<tr><td rowspan="2">金融整合</td><td rowspan="2">产业/国家内部、跨行业/跨国的兼并和收购</td><td rowspan="2">结构性变化</td><td colspan="2">货币政策运行机制的变化</td></tr>
<tr><td colspan="2">法律和体制结构变化</td></tr>
</table>

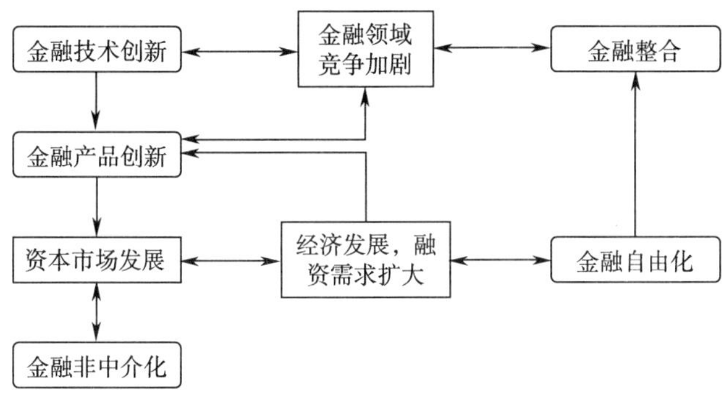

图 4－1　金融市场发展各要素之间的关系

4.1　金融自由化

1973 年，麦金农（McKinnon）和肖（Shaw）分别发表有关发展中国家金融发展方面的研究成果——《经济发展中的货币与资本》和《经济发展中的金融深化》两部著作，其中首次提出了发展中国家要想实现经济起飞，首先必须解除金融抑制，实行金融自由化改革（后人研究中简称 M－S 理论）。之后许多专家学者对 M－S 理论进行了进一步的扩展和完善。但在 20 世纪 80 年代初南锥体国家[①]改革试验失败后，出现了一批金融自由化理论的反对者，分别从不同角度就发展中国家因推进金融自由化而出现的金融危机现象而对 M－S 理论进行了猛烈的批

① 南锥体国家特指拉丁美洲的阿根廷、玻利维亚、巴西、乌拉圭、巴拉圭、智利等处于从地图上看形似锥形体的国家，在这些国家中，率先进行金融自由化改革的国家是阿根廷、乌拉圭、智利等。

判，认为金融自由化改革并不适合发展中国家。也有一批学者处于中立态度，认为发展中国家应当放慢金融自由化改革的步伐。尽管学术界有关金融自由化主题的争论在不断持续，但是仍然有一条共识，即预计金融系统将会更加自由化，并且认为金融自由化会使金融中介更加有效。随着我国经济体制改革进一步深化、经济金融全球化和自由化浪潮的推进，人为地将利率控制在较低水平的利率管制制度所造成的效率损失会越来越明显，市场化改革的合理性也会越来越突出。因此，我国经济将朝着降低价格管制和引入新参与者的趋势发展，从而增加了金融系统的自由化。

20 世纪末，随着国内经济自由化更为广泛和对外开放，金融业也逐步放松了管制。岳意定和赵振华（2004）总结前人研究经验，认为我国金融自由化主要表现在三个方面：一是利率自由化与取消其他价格管制，减少政府对信贷方面的行政指导，这样不仅会减少金融机构的隐性税收和相关租金，而且还会导致短期内更大的波动；二是对国有金融机构实行改制，允许新的市场参与者进入到金融服务业，减少金融机构的进入行业限制，取消金融市场垄断法律保护；三是金融开放的程度不断加深，尤其是资本市场的对外开放。同时，随着时间推进，经济开放性不断增强，我国金融系统也逐渐与全球金融系统相联系，也逐渐受到其他金融系统发展的影响。

下文主要从撤销利率管制（利率市场化）和资本账户自由化两个方面对我国金融自由化发展情况进行介绍。

4.1.1 撤销利率管制（利率市场化）

利率市场化是指金融机构在货币市场经营融资的利率水平由市场供求来决定，它包括利率决定、利率传导、利率结构和利率管理的市场化。实际上就是将利率的决策权交给金融机构，由金融机构自己根据资金状况和对金融市场动向的判断来自主调节利率水平，最终形成以中央银行基准利率为基础，以货币市场利率为中介，由市场供求关系决定金融机构存贷款利率的市场利率体系和利率形成机制。利率市场化一直是我国金融界长期关注的热点问题。

从货币政策传导角度看，金融自由化的最重要方面就是撤销利率管制。在加拿大和德国，利率自由化发生于 1967 年早期。美国取消存款利率上限是从 1980 年实行货币控制法开始。澳大利亚也在20 世纪80 年代早期完全取消了存款利率上限。东亚国家利率自由化的进程开始于20 世纪70 年代，并且一直持续到近 10 年。

我国利率自由化改革进程最早源于 1996 年 6 月银行间同业拆借市场利率管制的放开，近 10 多年来一直持续发展，见表 4－2。

表 4－2　中国利率自由化改革标志性法规

市场构成	改革时间	标志性改革内容
同业拆借市场	1996	放开银行间同业拆借市场利率
银行间债券市场	1997	同时放开了债券回购和债券交易
票据贴现市场	1998	同时放开了贴现和转贴现利率
金融债券市场	1998	放开了政策性银行金融债券市场化发行利率
国债市场	1999	成功实现国债在银行间债券市场利率招标发行
保险市场	1999	保险公司大额度定期存款实行协议利率（3000 万元以上，5 年期）
外汇市场	2002	放开了外币贷款利率，对于 100 万元以上的大额外币存款利率由金融机构与客户进行协商确定

续表

市场构成	改革时间	标志性改革内容
信贷市场	1998	将银行对小企业贷款的利率浮动幅度由10%增加到20%，农村信用社的贷款利率最高上浮幅度由40%扩大到50%
	1999	放开了外资银行人民币贷款利率
	2004	实行进一步扩大商业银行贷款利率的浮动区间
	2006	上调基准贷款利率的同时取消了除城乡信用社以外的贷款利率上限

资料来源：沈悦和赵建军（2008）；陈日清和杨海平（2008）。

经过10多年的利率市场化改革，除存款利率外，其余市场上的利率已经或正在实现市场化。《2008年第四季度货币政策执行报告》中将“推动利率市场化”列为未来主要政策思路之一，并独立于利率手段之外提出。该报告在“下一阶段主要政策思路”中提出了六条思路，其中第四条指出，将“加快货币市场基准利率体系建设，完善中央银行利率体系，提高金融机构风险定价能力和水平，更大程度发挥市场在利率决定中的作用”。这意味着我国推动利率市场化的进程可能在不久的将来再度推进。

4.1.2 资本账户自由化

资本账户自由化通常是指一国允许其资本账户中的各种资本自由流动，即本国居民可以自由地进出国际金融市场进行投资和筹资，非本国居民也可以自由进出国内金融市场进行投资和筹资。资本账户自由化是发展中国家金融自由化中力度最大的开放措施。发展中国家为了更好地利用国际资本，弥补其工业化进程中的“资本短缺”，在实行利率自由化、金融业务和机构准入自由化的同时，也实行资本账户的自由化。资本账户开放给发展中国家带来了许多潜在的经济效益。

资本账户自由化涉及国家主权经济安全问题，是一个国家从封闭型经济转向开放型经济的必经步骤，是一个长期、谨慎且艰难的过程。一个国家资本账户的完全开放，意味着该国的经济金融已经完全融入国际社会，实现了彻底的国际接轨。资本账户自由化是一项具有重大深远影响的经济决策。需要注意的是，资本账户自由化是实现国内与国际经济接轨，国内金融资产重新定价的过程。只有在有能力对巨额资本进出导致的国内资产重新定价做出及时反应的情况下，资本账户自由化的可持续性才会成为可能，否则就有可能导致国内金融市场震荡，甚至金融危机的发生。

1994 年我国实行单一的有管理的浮动汇率后，便开始积极推进资本账户自由化进程，见表4－3。

表4－3　我国资本账户自由化进程

时间	政策内容
1994	实行单一的有管理的浮动汇率
1996	外资企业银行结售汇；人民币经常项目下可自由兑换
2002	试行了 QFII，开放了国内资本市场，机构投资者经批准可以直接投资 A 股和国内债券市场，并且开始允许债务人提前购汇还贷
2003	放宽了对境外投资的限制，允许购汇境外投资；允许外资并购，在已开放的产业外商投资已基本不受限制
2004	允许符合条件的中资跨国公司可以对境外子公司放款，并开禁了个人资产不得转移境外的管制，允许移民资产经批准汇出境外
2005	财政部批准亚洲开发银行（ADB）、国际金融公司（IFC）拔得“熊猫债券”发行的头筹，境外机构可以在境内发行人民币债券
2006	允许部分金融投资机构在符合一定条件的情况下，在限额内以人民币购汇方式投资于境外资本市场，即 QDII 制度的试行

资料来源：沈悦和赵建军（2008）；陈日清和杨海平（2008）。

近年来，资本账户自由化引起了我国更多的跨国资本流动。金融部门不仅经历了这些流动产生的汇率和流动性更大的波动，而且还经历了跨国金融整合和金融市场一体化的冲击，这必将影响货币政策的有效传导。

4.1.3 人民币汇率制度变化

人民币汇率制度是我国金融体系制度的重要组成部分，也是我国发展完善社会主义市场经济不可或缺的配套措施。由于本书主要分析20世纪90年代以来的金融市场变化，因此此处对人民币汇率制度的论述也主要着眼于20世纪90年代以来的变化。

（1）1990—1993年：官方汇率和调剂市场汇率并存的“双轨制”。

1990—1993年：我国人民币汇率制度实行的是官方汇率和调剂市场汇率并存的“双轨制”。但需要注意这里的“双轨制”仅仅是计划内部的双轨制，是在计划经济下为促进外贸的发展而采用的，实现官方汇率和贸易内部结算价并存的双重汇率。官方汇率是使用非贸易外汇收支的对外公布汇率，实际是按一篮子货币加权平均计算。调剂市场汇率使用于外汇收支结算的贸易内部结算价，实际上按全国平均换汇成本加上一定利润算出的。内部结算价旨在纠正人民币汇率被高估的问题，发挥了汇率作为价格杠杆刺激贸易出口的作用，是当时改革开放后人民币汇率机制反映人民币汇率市场化方向的一种进步。国际货币基金组织认为我国这一时期盯住美元的管理浮动汇率制归属于较高弹性的汇率制度。这一时期人民币汇率制度有以下特点：外汇调剂市场汇率主要按供求决定，但整个市场处于国家管理之中，必要时国家可采取行政手段对市场汇率进行干预。

（2）1994—2005年：以市场供求为基础的、单一的、有管理的浮动汇率制。

从1994年1月1日开始，人民币官方汇率与外汇调剂汇率并轨，实行以市场供求为基础的、单一的、有管理的浮动汇率制，改变了以行政决定或调节汇率的做法，发挥市场机制对汇率的调节作用。企业和个人按规定向银行买卖外汇，银行进入银行间外汇市场进行交易，形成市场汇率。汇率并轨之初，1美元兑8.7元人民币，此后缓慢升值。到1997年末，因需应对亚洲金融风暴冲击，我国收窄了汇率浮动区间。这一时期人民币汇率有以下几个特点：人民币汇率不再由官方直接制定，而是由外汇指定银行自行确定和调整；由外汇指定银行制定出的汇率以市场供求为基础，并以此形成统一的汇率；亚洲金融危机后人民币汇率处于超稳定状况，并单一盯住美元。

（3）2005年以来：以市场供求为基础、参考一篮子货币进行调节、有管理的浮动汇率制度。

2005年7月21日，我国对人民币汇率制度进行了重大改革，并一次性上调了人民币汇率，即我国开始实行以市场供求为基础、参考一篮子货币进行调节、有管理的浮动汇率制度，并根据对汇率合理均衡水平的测算，人民币对美元升值2%。市场在汇率形成过程中的基础性作用进一步加强，汇率弹性进一步扩大，对国际收支的调节作用得到进一步发挥。这一时期人民币汇率有以下几个特点：从原来实际盯住单一美元更改为参考一篮子货币来调节汇率，并且篮子货币会着重在与我国国际经济交易比较密切的国家和地区中选取，具体来说是综合考虑在我国对外贸易、外债、外商直接投资等活动中占较大比重的国家、地区的货币，组成一个货币篮子，并分别赋予其在篮子中相应的权重；汇率制度改革目标从有管理的浮动的汇率体制向自由浮动的汇率体制转变。

随着中国金融改革的深入、经济的发展、市场作用的增强，人民币汇率会更加灵敏地反映市场供求变化、更加富有弹性。

4.2 金融产品创新

金融产品是指由金融机构创造，可供金融市场交易，资金需求者和投资者选择的各种金融工具，它是金融活动资金融通的载体，是金融工程技术人员的劳动成果，也称金融工具、金融资产等。金融产品创新是指创造或引进新的金融产品。金融产品的创新过程就是产品品种不断丰富、产品层次不断提高的过程。金融产品大致可以分为两类：一类是原生产品，另一类是衍生产品。原生产品主要包括以商业银行为中介的存贷款、债券和股票等证券类资产以及保险产品。衍生产品主要包括资产证券化、金融互换、金融期货和期权。大规模的金融衍生产品创新始于20世纪70年代。金融衍生产品交易具有能为相应的金融原生产品市场提供避险、提高流动性、降低交易成本等功效。20世纪90年代以来金融工程的兴起，使得几乎对于任何现金流的需求都可以通过基本金融产品的组合加以实现。

国际银行金融产品创新的发展历程从20世纪60年代的规避制度性约束，20世纪70年代的转嫁风险，20世纪80年代的防范风险，20世纪90年代的实现综合化经营，一直到进入21世纪以来的综合化经营与专业化经营并举，各个阶段分别呈现出了不同的特点。近年来，我国各类金融机构一方面通过捆绑和重配已有的金融产品不断推出新的金融工具，另一方面在新的金融结构和条件下创造全新特征的金融工具。例如商业银行在传统的存、贷、汇业务的基础上推出了各类批发和市场贷款业务或安排，新的结算工具与方式，同时大量开发新型的跨国业务、信息业务、表外业务、信用卡业务、咨询业务、代理业务，及各种服务性业务等，期货交易，期权交易，掉期交易等各种新型的融资技术，融资方式，交易方式被不断地设计开发出来。品种多样化，特性灵活化的各种新型金融工具源源不断地涌现。近年来，我国金融产品创新主要体现在以下几个方面：私人股本的不断增长；互助基金，如不动产投资信托基金（REITs）的出现；衍生工具的大量推出；资产证券化趋势；风险资本出现和商业银行理财业务推出。

下文主要从衍生工具、资产证券化、互助基金和商业银行理财业务几个方面对我国金融创新的情况进行介绍。

4.2.1 衍生工具

金融衍生产品也叫衍生工具或衍生证券。1994 年，国际互换和衍生协会（International Swaps and Derivatives Association，ISDA）对金融衍生产品的定义如下：“衍生产品是有关互换现金流量和旨在为交易者转移风险的双边合约。合约到期时，交易者所欠对方的金额由基础商品、证券或指数的价格决定。”任何金融工具都可以看做是若干特性的组合，或者说是某些特性的“捆绑”（Bundle）。金融工具的特性主要有收益、信用风险、流动性、定价惯例、数量大小、期限长短等，可以通过对这些特性加以“解捆”（Unbundle）和重新“配套”（Repacking）来创造新的衍生工具。金融衍生产品是当今世界上最具创新特质的金融工具，它的快速崛起和全面盛行是国际金融市场最重要的发展内容。

我国金融衍生产品的发展历程主要集中在 20 世纪 90 年代，随后得到进一步发展，见表 4 - 4。

表 4-4 我国金融衍生产品的发展历程

时间	品种	备注
1992 年 6 月至 1993 年 7 月	外汇期货	上海外汇调剂中心、北京商品交易所、广州、深圳某些金融机构
1992 年 12 月至 1995 年 5 月	国债期货	上海、深圳证券交易所、武汉、天津证券交易中心、北京、广州、海口、四川、深圳、沈阳、重庆、大连、长春、郑州等地商品交易所
1993 年 3 月至 1994 年 1 月	指数期货	海南证券交易中心
1994 年 10 月至 1996 年 6 月	配股权证	深圳证券交易所、上海证券交易所
2004	推出买断式回购	
2005	推出银行间债券远期交易、人民币远期产品、人民币互换和远期结算的机构安排等	意味着中国衍生品市场已小荷初露
2006 年 9 月 8 日	中国金融期货交易所在上海挂牌成立	拉开了我国金融衍生品市场发展的大幕
2008 年 1 月 9 日	黄金期货上海期货交易所上市	使得期货市场品种体系进一步健全，除石油外，国外成熟市场主要的大宗商品期货品种基本上都在我国上市交易

资料来源：甘志斌和游小列（2005）；黄中南和韩超群（2008）。

据国际清算银行（BIS）统计报告显示，从 2004 年中期至 2007 年中期，全球衍生品交易量，从 220 万亿美元升至 516 万亿美元；名义价值折合年率上升 33%。我国金融衍生产品市场起步较晚，近年来，随着我国利率市场化和汇率形成机制改革进程不断地深入，利率风险和汇率风险日益显现。同时金融机构和企业面临的竞争也日益加剧。金融衍生工具在转移风险、对资产进行保值与价格发现等方面具有重要作用。正因为这些功能的存在，金融衍生工具才得以在中国迅速发展。随着我国国内相应经济金融环境的成熟，银行间市场的不断完善，金融机构参与衍生品市场能力的提高，金融监管的手段和措施不断地增强，国内发展衍生品市场的基础性条件和平台已经具备，待时机成熟便可考虑稳步推进。完善我国金融市场体系，发展金融衍生产品市场，是我国金融业的必然选择。

我国的金融衍生工具主要包括资产证券化、利率衍生产品、外汇衍生产品这三个方面。

（1）资产证券化

资产证券化在20世纪70年代起源于美国，是近30年来金融领域的重大金融产品创新。资产证券化的核心是将缺乏流动性的资产转换成流动性很强的资产的过程，或者是将不标准的资产转换成标准的可交易的债券的过程。它的基本内容是将缺乏流动性但未来具有稳定和可预期现金流的资产，捆绑建立一个资产池，然后出售给特殊目的载体（SPV）[①]，由该载体通过一定的结构安排，对资产的收益和风险进行分离和重组，增强资产的信用，将捆绑后的资产转化为以资产池未来产生的现金收益为偿付基础而发行证券进行融资。

根据被证券化的基础资产的不同，资产证券化产品基本上可以分为资产支持证券（Asset - BackedSecurities，ABS）和房屋抵押贷款证券（Mortgage - Backed Securities，MBS）两大类。在ABS中可以分为狭义ABS和抵押债务权益（Collateralized Debt

① 特殊目的载体（SPV）是联系原始权益人和投资者的中介。中国早期的证券化实践中，或是没有特殊目的载体，或是利用发达国家的特殊目的载体。

Obligation，CDO）两类，前者包括信用卡贷款、学生贷款、汽车贷款、设备租赁、消费贷款等为标的资产的证券化产品；后者是近年内迅速发展的以银行贷款为标的的资产证券化产品，主要包括抵押贷款权益（CollateralizedLoan Obligation，CLO）和抵押债券权益（Collateralized Bond Obligation，CBO）。在 MBS 中按标的资产属性又可细分为商业地产抵押贷款支持证券（Commercial Mortgage Backed Securities，CMBS）和住宅地产抵押贷款支持证券（Residential Mortgage Backed Securities，RMBS）。

我国从 20 世纪 90 年代才开始关于资产支持证券产品的探索，此后不断尝试和发展，具体见表 4－5 和图 4－2。

表 4－5　我国资产证券化产品发展历程

时间	标志性事件
1992	海南三亚市丹洲小区将 800 亩土地作为发行标的物，以地产销售和存款利息收入作为投资者收益来源而发行了 2 亿元地产投资券。这是我国首次尝试资产证券化
2003 年 6 月	华融资产管理公司和中信信托有限责任公司合作在国内首次发行面值 132.5 亿元、期限 3 年、价值 10 亿元、利率 4.17% 的优先受益权，被称之为“准资产证券化”
2005 年 3 月	国家开发银行和建行获准作为试点，分别进行信贷资产和住房抵押贷款证券化试点，标志本土证券化的试点正式开始
2007	我国启动第二批信贷资产证券化试点，此次试点规模限定为 600 亿元，并扩大到工行等六家金融机构

资料来源：史晨昱（2009）；鄢郦（2009）。

截至 2008 年 6 月末，共有 8 家机构发行 12 期 ABS 产品，1 期 MBS 产品，发行规模 531.18 亿元，存量托管余额 434.4 亿元，其中抵押贷款权益（CLO）占比最大，达到 64.31%，住宅

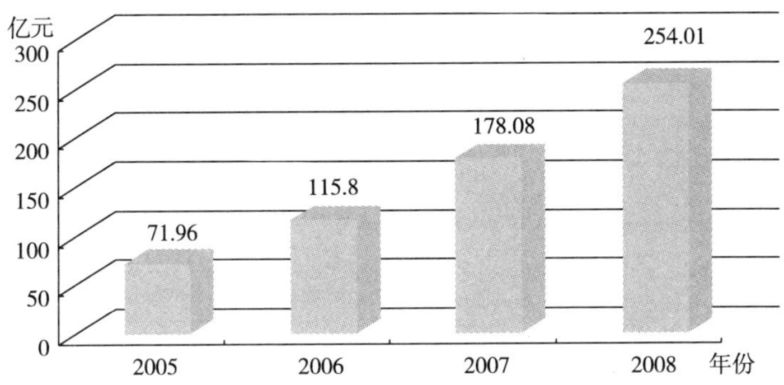

图 4－2　资产证券化产品历年发行规模

地产抵押贷款支持证券（RMBS）与不良资产支持证券（NPL）比例相当，其他创新产品仅有汽车贷款支持证券，占比 3.63%。

2009 年银监会会议强调，由于 2009 年国际国内形势更趋复杂，银行业金融机构 2009 年要加强对不良资产的管理，严格控制不良贷款余额和比率。资产证券化不仅是一般意义上的金融产品创新，还是一种融资体制的创新，是间接融资的直接化。作为一项重要的金融创新，资产证券化的广泛开展必将对金融市场微观主体、金融市场结构以及宏观经济产生深刻影响。

（2）利率衍生品

利率衍生产品作为金融衍生产品大家庭中非常重要的一员，从其诞生以来就一直在国际金融衍生市场中扮演着极其重要的角色，在金融机构和非金融机构的利率风险管理中发挥着不可替代的作用。长期以来的利率管制导致我国的利率衍生品起步较晚。我国利率市场化改革在银行间市场启动以来，金融资产面临的利率风险日益突出，市场中的投资者对规避利率风险的需求也随之愈来愈迫切，催生了我国利率衍生产品的发展，其具体发展过程如表 4－6 所示。

表 4－6　我国利率衍生产品发展历程

时间	产品种类	具体事件
2005 年 6 月	债券远期	中国人民银行率先推出债券远期，为市场投资者提供了规避利率风险的工具，我国场外利率衍生产品迈出了开创性的一步
2006 年 2 月	利率互换	中国人民银行开始推行人民币利率互换试点，为以后的利率互换全面开展积累了有益的经验
2007 年 9 月	远期利率协议	中国人民银行推出远期利率协议业务，进一步丰富了利率衍生产品的种类，是我国利率衍生产品发展的重要步伐
2008 年 1 月	利率互换	中国人民银行对利率互换有关政策框架进行调整，扩大了参与者范围，取消了对利率互换具体形式方面的限制，利率互换交易全面开展

每一种类型的利率衍生产品推出后都得到了极大的发展，交易量不断上升（见表 4－7）。随着利率市场化的进一步深化，市场成员对利率衍生品的关注程度将日益增强，利率衍生产品的创新和规模也将得到进一步的发展。

表 4－7　我国利率衍生产品交易情况

项目 时间	债券远期		利率互换		远期利率协议	
	交易笔数	金额（亿元）	交易笔数	金额（亿元）	交易笔数	金额（亿元）
2005	108	177.99	—	—	—	—
2006	398	664.46	103	355.70	—	—
2007	1 238	2 518.09	1 961	2 165.91	14	10.5
2008	1 327	5 006	4 040	4 122	137	114
2009 年第一季度	251	913	721	801	11	38

资料来源：中国外汇交易中心。

(3) 外汇衍生品

伴随着我国人民币汇率制度的改革和变化，为了增强经济主体适应和应对汇率变动的能力，中国人民银行推动外汇市场产品创新，不断地丰富了外汇市场的交易品种和交易方式，以满足不同交易需求和风险管理的需要。外汇衍生产品正是在这样的背景下应运而生，其具体发展过程如表4－8所示。

表4－8 我国外汇衍生产品发展历程

时间	产品种类	具体事件
2005年8月2日	人民币对外币远期业务	中国人民银行扩大人民币对外币远期业务主体，并允许开办远期结售汇业务6个月以上的银行对客户办理不涉及利率互换的人民币与外币掉期业务
2005年8月	人民币对外币远期业务	中国人民银行允许符合条件的银行间外汇市场参与主体开展银行间远期外汇交易，经营主体范围进一步扩大
2006年初	外汇掉期交易	国家外汇管理局开始研究在银行间外汇市场推出人民币对外汇的掉期交易
2006年4月24日	外汇掉期交易	银行间外汇市场正式推出人民币与外汇掉期交易，在一定程度上满足了市场规避风险的需要

2007年以来，外汇衍生产品交易量增长迅速。2007年，人民币外汇掉期交易量达到15 948笔，合3 154.67亿美元，日均成交13.04亿美元，同比增长333%。2009年第一季度，人民币外汇掉期市场累计成交1 053亿美元，日均成交量环比增长4.4%；人民币外汇远期市场累计成交17亿美元，日均环比增长25%。

我国的外汇衍生产品主要是远期和掉期的产品。由于我国国内人民币外汇衍生产品创新尚需时日，随着人民币汇率形成机制的不断完善和国际市场对人民币进一步升值的期望，银行间远期外汇交易及人民币与外汇掉期交易等人民币外汇衍生产品今后一定会更加活跃。

4.2.2 互助基金——以房地产投资信托基金（REITs）为例

房地产投资信托基金（Real Estate Investment Trust，REITs），是指房地产投资信托基金公司通过制订信托投资计划，对外发行信托受益凭证，向投资者募集资金，然后将资金委托给房地产开发专业机构和人员进行投资管理，从所获利润中扣除一般房地产管理费用和买卖佣金后，由凭证持有人按出资比例分享剩余利润的一种融资方式。REITs 是房地产证券化的一种，也属于广义上的资产证券化范畴。一般以股份公司或封闭式契约型信托的形式出现。

REITs 的基本理念源于 19 世纪中期美国马萨诸塞州波士顿市设立的商业信托，经过几十年的发展，于 1961 年出现第一家 REITs 公司。我国 REITs 起步较晚，目前还没有出现真正的房地产投资信托基金，仅有一些房地产信托业务品种。当前我国房地产信托计划基本都是投资于特定项目的单一信托计划，房地产商的开发角色和投资角色没有完全分离，信托计划应有的组合投资、分散风险的作用也并未发挥。因此，依然处于房地产投资信托基金的萌芽阶段。

虽然我国尚未正式推出 REITs，但是境外 REITs 以及私募房地产股权基金（类 REITs）对我国房地产行业十分关注。随着近年外资对上海商业房地产的介入日益加深，发展国内 REITs 产品具有一定的竞争迫切性。由于 REITs 对我国金融市场发展可能起到很好的促进作用：提供有益的价格信息，促进市场效率；与直接投资房地产或股票比，投资 REITs 的投入可大可小，具有分散投资、收益可预测性高等优势；REITs 还改善了房地产开发商的融资循环，它和资产支持证券改善贷款银行的资金循环一道，在房地产领域为间接融资向直接融资的转化发挥独特的作用。因此，REITs 的发展前景广阔。

4.2.3 商业银行理财业务

商业银行理财业务起源于美国，20 世纪 70 年代后在“银行脱媒化”及金融创新浪潮冲击下，银行理财业务获得了快速发展，并逐步成为全球银行机构重点发展、激烈竞争的关键业务。据波士顿咨询公司统计，2003 年全球理财市场总额（理财产品余额）为 71.6 万亿美元，2008 年全球理财市场总额约为 89 万亿美元，理财业务收入占全球银行营业收入的 20% 左右。花旗集团 2007 年营业收入的 40% 来自个人理财业务，存贷款业务利润只占总利润的 20%。汇丰控股 2007 年理财业务收入占比达 30%，德意志银行也达 40%。

我国商业银行理财业务起步于 20 世纪 90 年代末期的外币理财产品（结构性存款产品）开发及人民币理财咨询业务。在资本市场发展、外资银行开发外币理财产品并不断竞争开拓高端客户市场的严峻形势下，中资银行纷纷创新推出外币结构性存款产品，并试办以理财咨询、理财设计、本外币存单质押贷款、外汇买卖、单证保管、存款证明为主要内容的个人理财服务，2001 年后还推出了代理债券买卖业务，建立了主要面向高端客户的银行“理财工作室”。2004 年在资本市场低迷、扣除通胀率后银行存款产品“负利率”的特殊情况下，我国商业银行创新推出了投资于银行间债券市场的人民币代客理财产品，该产品成为储蓄存款、股票、基金、信托计划、保险等传统投资工具外存款客户新的投资选择。2005 年后，我国商业银行理财业务创新步伐加快，中国银监会于 2005 年 9 月 29 日正式发布

《商业银行个人理财业务管理暂行办法》和《商业银行个人理财业务风险管理指引》并于2005年11月1日正式实施，该办法有效推动了商业银行理财业务的创新和发展。2006年随着资本市场“股权分置”改革的完成，市场迎来了一轮牛市行情，我国商业银行相继创新推出新股申购型、基金精选型、基金股票双重精选型、信托融资型、票据投资型等多类型人民币理财产品，以及人民币代客境外理财产品（QDII）、Quanto产品等投资于境外金融工具或衍生产品的理财产品，理财业务成为各行激烈竞争和积极发展的重点业务，进入了高速发展时期，对我国金融市场发展、居民投资理财及银行经营结构转变发挥了重要的推动作用（见表4－9）。

表4－9　我国银行理财业务的发展概况时间

时间	市场与监管环境变化	银行理财业务创新发展情况
20世纪90年代末至2003年	1. 居民财富增长、资本市场发展推动了银行客户理财意识的觉醒，客户理财需求日益旺盛 2. 外资银行进入并开展理财业务，导致中资银行面临高端客户关系维护及理财业务创新的巨大压力	1997年，工商银行上海分行向社会推出了包括理财咨询、理财设计、存单质押贷款、外汇买卖、单证保管、存款证明等12项内容的理财系列服务 1998年，工商银行上海、浙江、天津等5家分行进行“个人理财”业务试点 1999年，建设银行在北京、上海等10个城市建立了个人理财中心 2000年，工商银行上海市分行举行了杨韶敏等6位优秀理财员的“个人理财工作室”挂牌活动，银行首次出现以银行员工姓名作为服务品牌的理财工作室 2001年，农业银行推出“金钥匙”金融超市，为客户提供“一站式”理财服务；工商银行开办债券结算代理业务，按照委托人的投资指令进行债券交易，工商银行收取投资结算代理业务费，投资策略由客户决定 2002年，招商银行推出“金葵花”理财品牌，业务内容包括“一对一”理财顾问服务、理财规划等专业理财服务

续表

时间	市场与监管环境变化	银行理财业务创新发展情况
2004	资本市场低迷，银行存款产品“负利率”，银行客户理财需求迫切	光大银行推出了人民币理财产品“阳光理财A计划” 工商银行推出了“稳得利”人民币个人理财产品、“债市通”人民币法人理财产品，均投资于银行间市场高资信等级债券
2005	银行理财产品创新发展步伐加快，监管法规发布	2005年工商银行向“理财金账户”客户推出了短信账单、银行管家等新的服务功能及一系列理财产品，并组织开展了“财富人生，工行相伴”系列推广活动，实施“理财中心核心竞争力提升项目” 2005年9月，民生银行推出首只人民币结构性理财产品，各家银行随即推出了多款挂钩类型不同的人民币结构性存款产品
2006	中国A股市场迎来了一轮牛市行情，外资银行结构性理财产品迅速发展	中国商业银行相继创新推出新股申购型、基金精选型、基金股票双重精选型、信托融资型、票据投资型等多类型人民币理财产品，以及人民币代客境外理财产品（QDII）、Quanto产品等投资于境外金融工具或衍生产品的理财产品。当年工商银行在国内首家推出“东方之珠”系列境外代客理财产品（QDII）
2007	A股及全球股市繁荣，居民投资理财需求更加旺盛，理财产品成为银行竞争优质客户的重要手段	2007年理财产品发行数量呈爆发式增长，全年共发行人民币产品1 302只、外币产品1 760只，均远超过2006年的水平 在产品类型方面，信托融资型和新股申购型理财产品迅速增加，而连接境外股票、商品、利率和汇率的Quanto产品出现了较大比例的低收益、零收益甚至负收益现象；外资银行产品结构越来越复杂、产品回报则普遍不尽如人意 2007年工商银行发行理财产品78款，在国内处于领先地位

续表

时间	市场与监管环境变化	银行理财业务创新发展情况
2008	全球金融危机不断深化，资本市场深幅下挫，商品市场超速回调，信用风险急剧提升，导致高风险理财产品进入“风险高发期”	2008 年银行理财产品的发行数量和募集资金再创历史新高（超过其他金融机构委托理财规模的总和） 银行理财产品设计趋向稳健，固定收益类产品成为主流，资本市场投资类理财产品出现了保本、止损等控制风险敞口的条款 监管机构进一步规范理财产品信息披露活动，银行理财产品信息披露水平显著提高 代客境外理财产品（QDII）风险扩大，个别“零收益”或“负收益”产品引起社会关注，理财产品总体平均收益水平远高于定期存款利率、CPI 涨幅和 A 股表现

我国商业银行理财业务近年来展示出爆发式增长态势，显示出了旺盛的市场需求。2005—2008 年，我国境内银行机构发售理财产品规模分别为 2 000 亿元、4 046 亿元、8 190 亿元和 37 000亿元，年度增长率分别为 292%、105%、100% 和 352%。法国安盛保险集团 2008 年初的一项调查报告显示，未来 10 年我国个人理财市场将以年均 30% 的速度增长，大约 40% 的私人客户将持有 4 种以上的金融理财产品，中国的个人理财市场将成为继美国、日本和德国之后极具发展潜力的国家，各家商业银行将以各具特色的理财服务和产品吸引各类投资者的关注，中国理财市场的迅速发展将快速改变中国银行业在全球理财业务市场的竞争地位。

4.2.4 小结

中国人民银行发布的《2008 年中国金融市场发展报告》认为，目前中国金融产品创新不足，金融衍生产品也处于初级阶段，难以满足国内投资者多层次的投资和避险需求。因此要在风险可控的条件下，继续推动货币市场工具创新、风险与收益匹配的债券品种创新。同时，要进一步丰富金融市场套期保值和避险工具。报告还称将逐步引入更多的利率、汇率和信用衍生产品，加大高杠杆产品的监测分析力度，并推动场外市场发展各类固定收益类产品和场外衍生产品。由此可见，我国金融产品创新还将继续不断地发展和深化。

4.3 金融技术创新

随着科学技术的进步，互联网的广泛应用以及电子商务的迅速崛起带来了金融领域的巨大变革，新技术在金融业广泛应用：金融行业普遍装备电子计算机，通过计算机处理存、贷、汇、市场分析、行情预测、证券买卖等金融业务甚至对金融机构进行内部管理，改变了传统的业务处理程序和手段；创建电子化资金转移系统，自动付款系统，电子化清算系统等金融电子系统，形成了复杂有序的电子化资金流转网络；各种金融交易也普遍采用网上报价、过户、清算等。由于ATM、电子货币（借记卡和信用卡等银行卡、电子钱包和网络虚拟货币等）、网上银行等逐渐盛行。本书主要集中讨论电子货币（银行卡）和网上银行这两方面的金融技术创新在我国的发展情况。

4.3.1 电子货币

巴塞尔委员会将广义电子货币定义为“储值”或“预付”性质的电子支付工具，将消费者资金或币值存放于其中，在电子设备、销售终端或公开网络执行货币支付职能的储值和预付机制，电子货币又称网络货币。目前的电子货币主要有银行卡和网上电子货币两种。现在，银行卡在人们的生活中得到了更普遍的应用。

美国加利福尼亚州富兰克林国民银行于1952年率先发行银行信用卡，首次推出了电子货币的形式；Roland Morn – No在1973年发明了IC卡。1982年美国组建了电子资金传输系统。发达国家目前已经实现了管理、支付、交易、信息交换方面的电子化。

我国发展电子货币起步较晚，直到20世纪90年代中后期，中国的银行界才基于竞争压力开始思考电子货币的发展，目前尚处于起步阶段，网上金融服务开展较少，电子货币系统的建设进展缓慢。我国目前发展电子货币的重心仍在银行卡上。自从1985年我国发行首张“珠江卡”，经过10多年的发展，特别是1993年“金卡工程”的实施，银行卡现在已经成为个人使用最广泛的非现金支付工具，银行卡的市场细分趋势也越来越明显，且银行卡的功能、个性化服务、营销等都各有特色。近年来，我国银行卡业务发展迅速（见图4 – 3）。银行卡发卡量2005年以前一直在持续上升，近年来发行数量开始有所下降，截至2007年底，银行卡数量达到约15亿张；但银行卡交易量（包括消费、转账、存款和取款）一直在持续上升，且近年来上升速度加快，2007年银行卡交易总量达到约111.45亿元；银行卡的可受理环境也在不断发展，特约商户、ATM和POS机数量一直在持续上涨，储蓄网点也在不断增加，截至2005年底，可以受理银行卡的商店、宾馆、饭店等特约商户约79.78万户；各金融机构装备的自动柜员机总计8.62万台，销售点终端机40.62万台；全国受理银行卡的电子化业务网点发展到13.29万个。

目前电子货币的发展十分迅速。随着电子商务的蓬勃发展，电子货币也将会朝更便利、更安全、更规范化的方向发展，支付方式也会趋于简单化和统一化，电子货币必然有更广阔的发展前景。

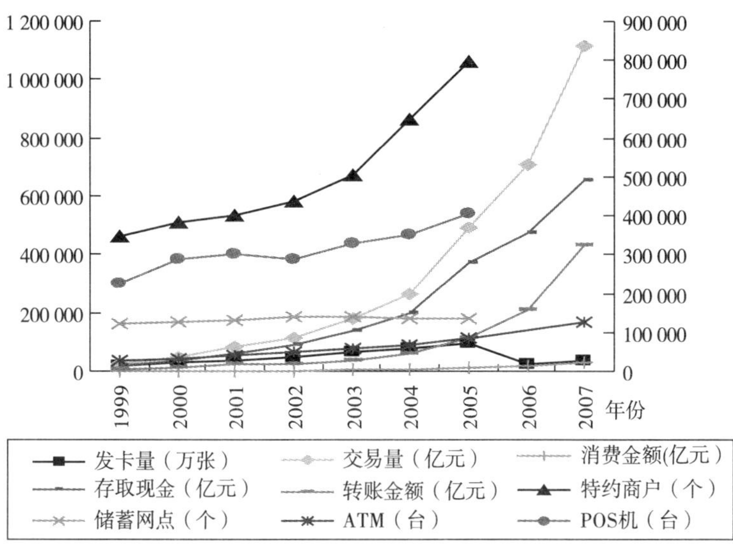

图 4－3　1999—2007 年我国银行卡业务发展趋势图

4.3.2　网上银行

本文所指的网上银行（Internet Banking），是指银行通过信息网络提供金融服务，包括传统银行业务以及信息技术应用带来的新兴业务，即网上银行服务的概念，包括开户、销户、查询、行内转账、跨行转账、信贷、网上证券、投资理财等方面。网上银行又称做网络银行、在线银行。网上银行以其方便、快捷、超时空等特点，通过计算机网络，可以在瞬间将巨额资金从地球的一端传到另一端，大量资金突发性的转移无疑会加剧金融市场的波动，网络快速传递的特性，会使波动迅速蔓延。

1995 年 10 月，美国率先建立了世界第一家网络银行。我国网上银行开展相对较晚，1996 年 6 月，中国银行率先在互联网上设立了网站，开始通过国际互联网向社会提供银行服务。

1998 年，中国银行、招商银行开通网上银行服务，此后工商银行、建设银行、交通银行、光大银行以及农业银行等也陆续推出网上银行业务。随着电子商务的日益发展及网上银行用户群体的不断增加，我国网上银行的交易额也保持快速增长。据统计，网上银行交易额从 2003 年的 24.3 万亿元发展到 2004 年 12 月底的 49.1 万亿元，2005 年中国网上银行的交易额为 72.6 万亿元，2006 年该交易额增长为 93.4 万亿元，年增长率达到 30%，2007 年中国网上银行市场发展十分迅速，交易额规模实现爆发式增长，达 245.8 万亿元。

中国经济的高速发展，政府政策的逐步出台，消费观念的不断改变，处处都表现出了中国网上银行高速发展趋势，尤其是近几年我国电子商务和互联网业务的发展，更带来了我国个人网上银行业务的迅猛发展。由此可见，我国网上银行发展空间巨大。

4.4 金融整合

金融整合是指通过现有金融机构的合并、合资或合作等方式以实现金融资源更有效的控制或更有效的利用，一般有兼并、收购、合并、合资和战略联盟等方式，主要方式是兼并、收购和合并（简称并购）。金融整合是一个过程，并不仅仅限于并购、合资或战略联盟达成协议本身，还包括为达成上述协议而做的一系列前期和后期整合活动。20 世纪 90 年代，全球范围内金融部门出现了一股强劲的金融整合浪潮。近期的国际金融整合主要是由技术因素、撤销管制和全球化驱动，同时还包括政策制定者解决金融系统中弱势的响应。大规模的金融整合可能会改变经济和金融环境中的货币政策决定，因此这一发展形势将会对货币政策传导产生影响。

我国金融整合从20世纪90年代后半期开始才逐渐地发展起来，主要表现在引进外资机构、扩大外资机构在我国业务、收购、合资和战略联盟等方面（见表4－10）。

表4－10　我国的金融整合表现

时间	金融整合举例	方式
1992	第一家外资保险公司进入我国	融入外资机构
1996	允许上海浦东外资金融机构开展人民币业务	融入外资机构
1997	中国人民银行依法关闭中国农业信托投资公司，并将其交给中国建设银行托管	国内兼并
1998年2月	工商银行收购英国西敏银行所属的西敏证券亚洲有限公司	海外收购
1998年10月	中信实业银行收购香港嘉华银行61.38%的股份	国内收购
1999	国泰证券公司与君安证券公司为解决经营违规和巨额不良资产问题，合并重组为国泰君安证券公司	国内合并
	扩大上海、深圳外资银行经营人民币业务范围；取消外资银行在华设立营业性分支机构的地域限制	融入外资机构
2001	国内数家金融机构出现外资参股。如国际金融公司参股南京市商业银行；香港上海汇丰银行、香港上海商业银行参股上海银行等	外资参股
	取消外资金融机构外汇业务对象的限制；修改了《外资金融机构管理条例》	融入外资机构
2002	银河证券以24家营业部作为出资参股亚洲证券并成为其第一大股东	国内合资
2003年1月	花旗银行参股上海浦东发展银行	外资参股
2003年8月	工商银行通过收购富通集团旗下华比银行，实现了在香港的战略扩张	国内收购

续表

时间	金融整合举例	方式
2004 年 5 月	工商银行联合韩国韩亚银行重组青岛国际银行	战略联盟
2006	申银万国等 8 家证券完成合资重组，承诺金融业对外全面开放	合资重组
2007 年 8 月	国家开发银行以 22 亿欧元（约合 225.7 亿元人民币）收购英国巴克莱银行 3.1% 的股权	海外收购
2007 年 10 月	民生银行现金出资 25 亿元人民币收购美国联合控股 9.9% 股份	海外收购
2008 年 5 月	招商银行斥资 193 亿港元收购永隆银行约 53.1% 的股权	国内收购

资料来源：王臣华等（2002）；袁斌（2005）；陈日清和杨海平（2008）；曹彤（2009）。

近年来，我国银行业改革开放步伐加快，特别是引进境外战略投资者已成为银行业对外开放的一种重要形式。为了继续稳步地推进银行业的对外开放，银监会于 2003 年 12 月发布了《境外金融机构投资入股中资金融机构管理办法》，随之引进境外战略投资者的浪潮被掀起。四大国有商业银行均在引进境外战略投资者，中国银行于 2005 年 8 月和 2005 年 9 月先后引入苏格兰皇家银行、瑞士银行、亚洲开发银行和淡马锡等，建设银行于 2005 年引入美国银行（6 月）、淡马锡（7 月）等；工商银行于 2006 年 1 月引入高盛、安联保险公司和美国运通等；农业银行也正在积极筹划和谈判中。同时，股份制商业银行也积极引进符合它们战略发展意向的境外战略投资者，13 家股份制商业银行中，已有上海浦东发展银行、兴业银行、深圳发展银行、光大银行和中国民生银行 5 家银行引进了境外战略投资者。华夏银行引进合格的境外战略投资者也取得了重要进展。城市商业银行中，已有北京、上海、南京、西安、济南、杭州、南充 7 家城市商业银行成功引进了境外战略投资者。

在金融领域，金融机构的规模大小对其竞争优势有决定性的影响，规模越大就越有可能赢得客户的信任，从而提高市场占有率。金融整合是解决规模问题最迅速的途径，例如美国目前几乎所有现存资产价值超过200亿美元的大银行都是通过收购合并而成的。在当今世界金融证券化、电子化、信息化和一体化的发展趋势下，中国金融业将掀起金融整合浪潮。

4.5 金融非中介化

金融非中介化，又称“金融脱媒”，是指在金融管制下，资金不经过商业银行而直接流向融资者的过程，金融非中介化使得投资更多地脱离开银行为媒介的间接融资方式，转而采用直接融资方式。在很大程度上，金融非中介化是在金融产品创新以及金融技术创新的背景下发展起来的，与国内资本市场的发展密不可分。金融非中介化是在资本市场中实现的，资本市场为金融非中介化提供了平台。同时，金融非中介化可以促进资本市场的发展，提升金融资产的证券化率，促进介于资本市场和货币市场之间的新型金融工具大量出现。因此，要弄清金融非中介化的发展情况必须对资本市场发展有一个总体的把握。表4－11显示了20世纪90年代以来我国资本市场的发展历程。

表4－11　我国资本市场的发展历程

发展阶段	时间	具体事件
资本市场萌生阶段	1990年3月	我国政府允许上海、深圳两地试点公开发行股票
	1990年12月	深圳证券交易所和上海证券交易所双双挂牌，标志着中国终于建立起证券市场

续表

发展阶段	时间	具体事件
全国性资本市场的形成和初步发展阶段	1992 年 8 月 10 日	“8·10 事件”，此后我国政府决定设立全国性证券监管机构
	1992 年 10 月	深圳有色金属交易所推出中国第一个标准化期货合约合同——特级铝期货标准合同，实现远期合同交易向期货交易过渡； 国务院证券管理委员会和中国证监会成立，标志着中国资本市场开始逐步纳入全国统一的监管框架，全国性市场由此形成并初步发展
	1993 年	股票发行试点正式由上海、深圳推广至全国，打开了资本市场进一步发展空间
	1998 年 4 月	国务院证券管理委员会撤销，其全部职能及中国人民银行对证券经营机构的监管职能同时划归中国证监会，建立了集中统一的证券期货市场监管体制
资本市场的进一步规范和发展阶段	1999 年 7 月	《证券法》正式开始实施，资本市场的地位得到法律的确认
	2001 年	深交所开始探索筹建创业板；中国证券协会设立代办股份转让系统，标志着中国在建设多层次资本市场体系方面迈出了重要的一步
	2001 年 12 月	中国加入世贸组织，金融改革不断深化，资本市场的深度和广度日益加强
	2002 年 12 月	我国实施允许经批准的境外机构投资者投资于中国证券市场的 QFII 制度
	2005 年 5 月	深交所设立中小企业板，标志着中国在建设多层次资本市场体系方面迈出了重要的一步
	2006 年 5 月	我国允许经批准的境内机构投资于境外证券市场的 QDII 制度，使我国资本市场进一步与国际接轨
	2006 年年底	中国已全部履行加入世贸组织时有关证券市场对外开放的承诺，资本市场的市场化、国际化的进程进一步加快，促进了市场更加成熟和发展壮大

具体来说，我国金融非中介化的发展主要表现在以下几个方面：一是居民储蓄存款增长率从大体趋势上看在逐步降低（见图4－4），其中2008年储蓄存款率迅速增加是由于金融危机的影响，居民投资意愿下降，转向储蓄。二是企业固定资产投资的资金来源中银行贷款比重下降（见图4－5），企业逐步减少了对银行信贷资金的依赖，投资转向自有资金或通过其他渠道融资。三是在宏观流动性过剩情况下，银行的流动性的紧缩，表现为国有商业银行超额存款准备金率在持续下降，从2001年超过6%，逐步下降到2007年的3%左右（方铁强，2008），至2008年9月末，金融机构的超额存款准备金率为2.07%。

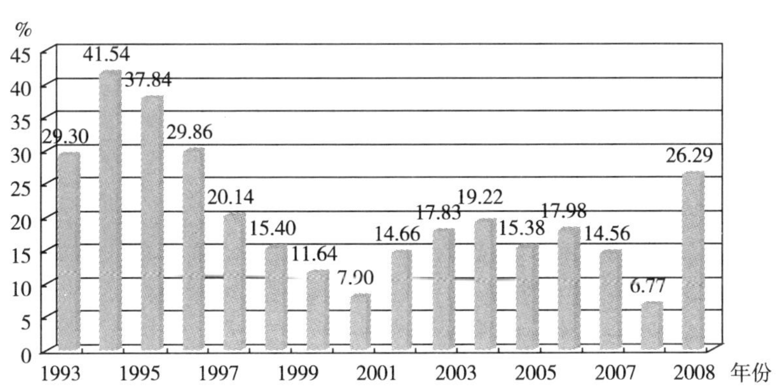

图4－4　1993—2008年储蓄存款增长率

金融非中介化产生的货币性极强的信用工具或存款种类能在很大程度上满足人们的流动性需求，从而减弱人们的流动性偏好，导致货币需求总量下降，进而对货币政策传导效应造成影响。金融产品的不断创新，金融技术的逐步发展以及企业融资渠道的多元化需求均表明，我国金融非中介化的进一步深化是一种必然趋势。

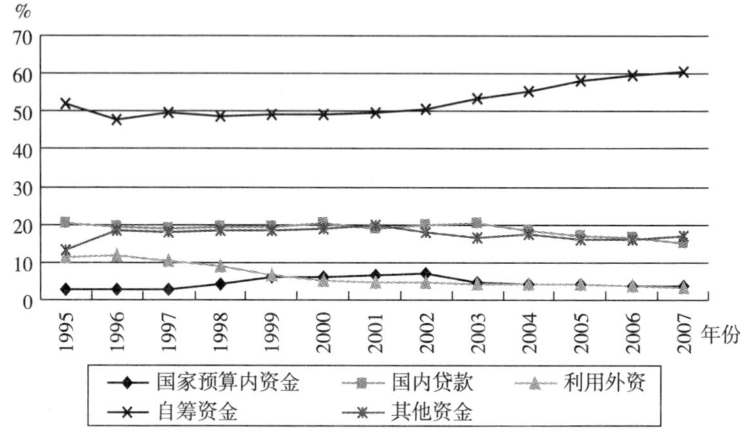

图 4－5　1995—2007 年固定资产投资各种资金来源比例

第5章

基于VAR模型的实证研究

5.1 VAR模型及其在货币政策传导研究中的应用情况

5.1.1 VAR模型基本原理及特点

(1) 无约束的VAR模型

1980年西姆斯（Sims）提出向量自回归（VAR）模型。所谓VAR模型，是指用模型中所有当期变量对所有变量的若干滞后变量进行回归。VAR模型用来估计联合内生变量的动态关系，而不带有任何事先约束条件。

假设 Y_t 是一个 $N\times 1$ 阶时间序列向量，$Y_t=(y_{1t},y_{2t},\cdots,y_{kt})'$。则 k 阶VAR模型可以写为

$$Y_t=\sum_{i-1}^{k}\Pi Y_{t-i}+U_t$$

即 $Y_t=\Pi_1 Y_{t-1}+\Pi_2 Y_{t-2}+\cdots+\Pi_k Y_{t-k}+U_t$，$U_t\sim\prod D(0,\Omega)$ (5-1-1)

式（5-1-1）中用 VAR_k 表示，其中 $\Pi_1,\Pi_2,\cdots,\Pi_k$ 都是 $N\times N$ 阶参数矩阵，U_t 是 $N\times 1$ 阶随机误差列向量。Ω 是 $N\times N$ 阶方差协方差矩阵。位移项、趋势项和季节虚拟变量，也可以包含在上述VAR模型中。我们又称式（5-1-1）为无约束的VAR模型。

(2) 有约束的VAR模型

当VAR模型中的变量有约束时，即如果VAR模型中的非平稳向量存在协整关系，可以在VAR模型基础上建立向量误差修正模型（VEC）。重写VAR模型（5-1-1）如下：

$$Y_t = \Pi_1 Y_{t-1} + \Pi_2 Y_{t-2} + \cdots + \Pi_k Y_{t-k} + U_t,$$
$$U_t \sim \prod D(0,\Omega), Y_t \sim I(1) \qquad (5-1-2)$$

通过重新整理与变换参数，VAR 模型（5－1－2）可以表示为差分形式

$$\Delta Y_t = \Gamma_1 \Delta Y_{t-1} + \Gamma_2 \Delta Y_{t-2} + \cdots + \Gamma_{k-1} \Delta Y_{t-k+1} + \Pi Y_{t-k} + U_t \qquad (5-1-3)$$

其中 Δ 是一阶差分算子，ΔY_t 表示对向量 Y_t 中全部向量都取一阶差分后的 $N \times 1$ 阶列向量。

$$\Gamma_i = -I + \Pi_1 + \Pi_2 + \cdots + \Pi_i, i = 1,2,\cdots,k$$

其中定义第 k 个表示为

$$\Pi = \Gamma_k = -I + \Pi_1 + \Pi_2 + \cdots + \Pi_k$$

因为 Π 与全部的 Π_i 有关，所以称 Π 为压缩矩阵。VAR 模型（5－1－3）中的参数 $\Gamma_i(i = 1,2, \cdots k-1)$ 和 Π 都是多项式矩阵。从式（5－1－2）到式（5－1－3）称为协整变换过程。

$$\Delta Y_t = \Gamma_1 \Delta Y_{t-1} + \Gamma_2 \Delta Y_{t-2} + \cdots + \Gamma_{k-1} \Delta Y_{t-k+1} + (\Pi_k + \cdots \Pi_2 + \Pi_1 - I) Y_{t-k} + U_t \qquad (5-1-4)$$

式（5－1－4）同式（5－1－3）。

假定 $Y_t \sim I(1)$，则 $\Delta Y_t \sim I(0)$。由此可以知道式（5－1－3）除了 ΠY_{t-k} 以外，其他所有的项都是平稳的。如果 ΠY_{t-k} 是非平稳的，则 Y_t 的分量不存在协整关系。如果 ΠY_{t-k} 是平稳的，则 Y_t 的分量存在协整关系。可见压缩矩阵 Π 决定了 VAR 模型（5－1－2）中的变量是否存在以及在多大的范围内存在协整关系。关于 ΠY_{t-k} 的特征有三种可能：

① Y_t 所包含的变量不存在任何协整关系。如果 ΠY_{t-k} 是平稳的，则必有 $\Pi = 0$，即 $rank(\Pi) = 0$。

② $rank(\Pi) = N$。如果 ΠY_{t-k} 是平稳的，则唯一的可能是 Y_t 所包含的变量都是平稳的。

③除了上面两种极端情形，如果 Y_t 是非平稳的，则 ΠY_{t-k} 意

味着 Y_t 中的变量一定存在协整关系。设 $rank(\Pi) = r, 0 < r < nrank(\Pi) = r$，则 Π 可分解为

$$\Pi = \alpha \cdot \beta' \qquad (5-1-5)$$

其中 α 和 β 都是 $N \times r$ 阶矩阵。β 称为协整参数矩阵。β 的每一列都是一个协整向量，$\beta = (\beta_1, \beta_2, \cdots, \beta_r)$ 共有 r 个协整向量。使得 $\beta' Y_{t-k} \sim I(0)$。α 称为修正系数矩阵。α 中的每个元素表示相应每个误差修正项对差分的被解释变量的调整速度。

VAR 模型（5－1－4）可以看做是含有误差修正机制的差分形式的多元数据生成系统。若 $\Pi = \alpha \cdot \beta'$ 成立，ΠY_{t-k} 可以表示成如下形式

$$\Pi Y_{t-k} = \alpha \beta' Y_{t-k} \qquad (5-1-6)$$

矩阵 $\beta' Y_{t-k}$ 中含有 r 个误差修正项，β 中的元素为长期参数（又称协整参数）。α 中的元素为短期参数（又称调整参数）。估计 VAR 模型协整方程的首要工作就是确定矩阵 β 的秩，即协整向量个数，其次就是估计协整参数矩阵 β。

误差修正模型有以下特点：一是估计方程的时候，由于方程中包含了多阶滞后项，因此变量之间往往会产生多重共线性，影响估计的精度。而经过一次差分后的变量几乎是正交的，这样可以避免多重共线性。二是误差修正模型有较好的经济解释。如式（5－1－4）所示，当 $\Delta Y_{t,i} = 0, i = 1, 2, \cdots, k$ 时，就可以得到一个长期的均衡关系 $(\Pi_k + \cdots \Pi_2 + \Pi_1 - I) Y_{t-k} = 0$，$Y_{t-k}$ 就表示了前 k 期变量偏离均衡状态的误差，这就是误差修正项，即误差修正模型实际上描述了变量向长期均衡状态调整的非均衡动态调整过程。三是当变量序列非平稳时，用误差修正模型可以避免伪回归的问题。同时由上述第三点可知，误差修正模型存在的必要条件是变量序列之间是协整的。

（3）VAR 模型的特点

VAR 模型的特点主要有以下几个方面：不以严格的经济理

论为依据；VAR 模型的解释变量中不包括任何当期变量；VAR 模型对参数不施加零约束；VAR 模型有相当多的参数需要估计；VAR 模型预测方便、准确；可做格兰杰检验、脉冲响应分析、方差分析。另外，西姆斯（Sims）认为 VAR 模型中的全部变量都是内生变量。但是，近年来也有学者认为具有单向因果关系的变量，也可以作为外生变量加入 VAR 模型。

5.1.2 滞后期的确定

在建立 VAR 模型之前，首先需要确定滞后期 k 的大小，这也是建立 VAR 模型困难之处。若滞后期太小，误差项的自相关会很严重，并导致参数估计的非一致性。在 VAR 模型中适当地加大 k 值（增加滞后变量的个数），可以消除误差项中存在的自相关。但是，如果 k 值过大又会导致自由度减小，直接影响模型参数估计量的有效性。因此，滞后期数的确定就十分重要。通常有三种准则进行判断：

①LR 准则

$$LR = -2(\log L_{(k)} - \log L_{(k+1)}) \sim \chi^2(m^2) \quad (5-1-7)$$

式中 m 为方程的变量个数，k 表示原假设方程的滞后阶数，$k+1$ 表示备择假设方程的滞后阶数。当滞后期的增加不会给极大似然函数值带来显著性增大时，即 LR 统计量的值小于临界值时，新增加滞后变量就毫无意义。

②赤池（AIC）准则

$$AIC = \log\left(\frac{\sum_{t=1}^{T} \hat{u}_t^2}{T}\right) + \frac{2k}{T} \quad (5-1-8)$$

其中 $\hat{u}_t$ 表示残差，T 表示样本容量，k 表示最大滞后期。选择 k 值的原则是在增加 k 值的过程中使得 AIC 的值达到最小。

③施瓦茨（SC）准则

$$SC = \log\left(\frac{\sum_{t=1}^{T} \hat{u}_t^2}{T}\right) + \frac{k\log T}{T} \qquad (5-1-9)$$

其中 $\hat{u}_t$ 表示残差，T 表示样本容量，k 表示最大滞后期。选择 k 值的原则是在增加 k 值的过程中使得 SC 的值达到最小。

在实证分析中，不仅要考虑上述三种方法的综合运用，同时还要具体结合变量的经济含义和序列的自相关问题，以此得到较为合理的滞后阶数。一般是先用 *AIC* 准则和 *SC* 准则选择，在这两个准则出现冲突时，用 *LR* 准则优选滞后阶数。

5.1.3 回归估计

因为 VAR 模型中每个方程的右侧只含有内生变量的滞后项，它们与随机误差项是渐进不相关的，所以可以用 OLS 法依次估计每一个方程，得到的参数估计量都具有一致性。但不同方程对应的随机误差项之间可能存在相关。

对向量自回归模型协整参数矩阵的估计分为两步：一是确定协整参数矩阵的秩 r；二是估计协整参数矩阵。向量自回归模型协整参数矩阵的估计主要是 Johansen（1988）和 Johansen 与 Juselius（1990）采用的迹（Trace）检验的最大似然统计量，以此检验变量之间是否具有协整关系。设迹检验最大似然统计量为

$$TR = -2\ln Q = -T\sum_{i=r+1}^{N} \ln(1-\hat{\lambda}_i), r = 0,1,\cdots,N-1 \qquad (5-1-10)$$

和最大特征根（L－max）检验最大似然统计量，

$$LM = -2\ln Q = -T\ln(1-\hat{\lambda}_{i+1}), r = 0,1,\cdots,N-1 \qquad (5-1-11)$$

Johansen 提出的估计方法是在约束条件 $\Pi = \alpha \cdot \beta'$ 成立的情况下，通过选择不同的 r，用最大似然法对 VAR 模型式（5－

1－3）进行估计。这种方法需要满足的假定条件是对每一个 t，U_t 都服从多元正态分布，并且在整个样本区间内 U_t 相互独立。这个假定在实际中是比较容易满足的（在大样本情况下）。因此，可以在式（5－1－3）中加入 ΔY_t 充分多的滞后项以消除随机误差项中存在的自相关。在估计协整参数矩阵过程中，重要的是正确估计协整参数矩阵 β 的秩 r。若 r 被正确估计，则所有误差修正项都是平稳的。从而 VAR 模型式（5－1－3）中的所有项都是平稳的，这样才保证了参数估计量具有一致性。经估计出正确的 r 后，就可用最大似然估计法估计出 $\hat{\Pi} = \hat{\alpha} \cdot \hat{\beta}'$，进一步可估计出 VEC（向量误差修正模型）模型式（5－1－3）中的参数 $\Gamma_i, i = 1,2,\cdots,k-1$。从而得到 VEC 模型。

5.1.4 Granger 因果关系检验

经济运行是复杂的，人们靠经验观察并不能准确判断变量之间是否存在因果关系。Granger 因果关系的检验方法主要有 Sims 检验法、Granger 因果关系检验法等，其中最常用的是 Granger 因果关系检验法，本书就选用这种方法检验各个序列间的格兰杰因果关系，其检验式为

$$y_t = \sum_{i=1}^{s} \alpha_i y_{t-i} + u_{1t} \qquad (5-1-12)$$

$$y_t = \sum_{i=1}^{s} \alpha_i y_{t-i} + \sum_{i=1}^{k} \beta_i x_{t-i} + u_{2t} \qquad (5-1-13)$$

原假设 $H_0: \beta_1 = \beta_2 = \cdots = \beta_k = 0$

其统计检验量为 F 检验

$$F = \frac{(RSS_2 - RSS_1)/k}{RSS_1/(T-s-k)} \sim F(k, T-s-k) \qquad (5-1-14)$$

式中，s 为被解释变量的滞后阶数，k 为解释变量的滞后阶数，T 为样本个数，RSS_1 是无约束的残差平方和，RSS_2 是有约束

（即 $\beta_1 = \beta_2 = \cdots = \beta_k = 0$ ）的残差平方和。如果计算出 F 值大于 F 检验的临界值，且 p 值较小（在实际操作中，是否拒绝原假设关键看 P 值，一般原假设下发生小概率事件就可以认定原假设错误，应该拒绝原假设，实际应用中，0.01，0.05 和 0.1 是常用的小概率事件判定标准），则拒绝 H_0，认为 x_t 是 y_t 的 Granger 原因，反之，则认为 x_t 不是 y_t 的 Granger 原因。

Granger 因果关系检验中序列应该是平稳序列，因此在进行 Granger 因果关系检验前首先要对序列进行稳定性检验，对不平稳的序列进行差分处理，直至检验结果显示序列平稳。

由于 Granger 因果关系检验结果对滞后阶数特别敏感，滞后阶数不同，导致检验结果不同，即使滞后阶数相差很小，得到的结论也可能截然相反。因此在实际应用中，最好是多选几个不同的滞后期进行检验，如果检验结果一致，则得出的结论是较为可信的。

5.1.5 模型可靠性检验

经过对 VAR 模型的估计，能够得到变量之间的长期稳定函数和短期动态方程，而长期函数的形成是通过短期方程的调整得到的。此外，利用短期方程还可以进行预测和动态模拟实验，而模型的可靠性是模型应用的重要保证，因此对短期方程的检验十分必要。在分析中一般使用以下几种检验方法：

①拟合残差检验

将拟合值与实际值用图形的方式加以反映，通过图形我们能够直观地看到短期方程的拟合效果，从而初步判断模型是否存在明显的不足。

②对残差序列异方差的 ARCH 检验

残差序列中的异方差性问题与自相关性问题一样，会使传统的标准差公式和相应的推论失效。ARCH 检验是用于检验残差序列中的自回归条件异方差性。异方差性出现在经济变量的结构中会使模型带来很大的问题。该检验基于滞后残差平方与本期残差平方的回归。通过自回归条件异方差模型得到相应的 F 统计量和服从卡方分布的 NR^2 统计量，以此进行显著性检验，判断是否存在异方差性。

③残差的递归检验

残差的递归检验是建立在递归估计的基础上的。递归估计的思想是在有 n 个样本的观测值中，首先用 k（k 小于 n）个观测值来拟合方程，然后用前 $k+1$ 个样本点再次估计参数（向量），照此下去，每次增加一个样本点，直至得到最后一个用全部 n 个样本点估计的参数向量。如果在每一步中，前一步参数的估计值被用来预测被解释变量的下一步值，这个时候把一步预测误差定义为递归残差。

5.1.6 脉冲响应函数

在对货币政策传导的研究中，当 VAR 模型得到估计后，就可以应用脉冲响应函数来解释货币政策对经济运行的影响程度，也可以知道货币政策冲击能够解释经济运行预测误差方差的贡献度。

所谓脉冲响应函数（Impulse Response Function，IRF）表示的是一个内生变量对一个标准单位误差的反应，即在随机误差项上加一个标准差大小的冲击对内生变量的当期值和未来值所带来的影响，也即系统对其中某一变量的一个冲击（Shock）或新生（Innovation）所作的反应，对第 i 个变量的冲击既会直接影响第 i 个变量自身，也会通过 VAR 模型的动态结构传递到其他所有的内生变量。*IRF* 函数就是用于衡量这种来自随机扰动项的一个标准差冲击对内生变量当前和未来取值的影响的变动轨迹，它能够比较直观地刻画出变量之间的动态交互作用及其效应。

从数学函数形式上看，当 VAR（p）是协方差平稳时，VAR（p）可以写成 MA（∞）形式

$$y_t = \mu + \varepsilon_t + \varphi_1 \varepsilon_{t-1} + \varphi_2 \varepsilon_{t-2} + \cdots \quad (5-1-15)$$

所以有 $\varphi_s = \dfrac{\partial\ y_{t+s}}{\partial\ \varepsilon'}$，从该变量可以知道：它的第 i 行第 j 列元素等于时刻 t 第 j 个变量的冲击 ε_{jt} 增加一个单位而其他变量的冲击保持常数的情况下对时刻 $t+s$ 的第 i 个变量的值 $y_{i,t+s}$ 的影响。

由于 φ_s 的第 i 行第 j 列元素为 $\dfrac{\partial\ y_{i,t+s}}{\partial\ \varepsilon_{jt}}$，它是作为 s 的一个函数，称做脉冲响应函数，它描述了 $y_{i,t+s}$ 在时刻 t 的其他变量与前期变量不变的情况下对 y_{jt} 的一个暂时变化的反应。

5.1.7 VAR 模型在货币政策传导研究中的应用情况

（1）国外研究现状

目前运用 VAR 模型研究货币政策冲击在国外已经比较普遍，VAR 模型的主要作用就是通过脉冲响应函数和方差分解来解释货币政策冲击对宏观经济变量变化形成的影响，以此研究货币政策传导的数量效果。

Sims（1980）针对大型宏观经济变量模型存在的不足，首次运用 VAR 方法探讨货币政策的效果。Sims 选取 Money（M）、Real GDP（Y）、Unemployment（U）、Wages（W）、Price Level（P）和 Import Price（PM）6 个变量对美国（1949—1975 年）和德国（1958—1976 年）的情况进行了深入研究和比较。Sims 建立的 6 个变量模型被称为 VAR 方法研究货币政策效果的标准模型。Sims 的研究成果推动了 VAR 方法在货币政策应用领域里的深入发展。从各国学者研究的情况看主要表现在以下几方面：

一是根据货币政策运行的经验数据直接建立 VAR 模型研究政策变动的数量特征，如 Bemanke（1986）较早地运用结构向量自回归模型分析了美国银行贷款的冲击对总需求的作用，认为其效果是显著的；Bemanke 和 Blinder（1992）选取 1959 年 1 月至 1989 年 12 月的美国月度数据样本，变量为联邦基金利率、失业率、CPI 的对数、存款、债券、贷款来建立了 VAR 模型；Bagliano 和 Favero（1997）对应用 VAR 模型分析美国货币政策传导机制作出评价；Axel A Weber、Rafael Gerke 和 Andreas Worms（2009）建立包含六个变量（实际 GDP（gdp_t）、GDP 平价指数（$pgdp_t$）、实际家庭财富指数（$hhwreal_t$）和国内名义短期利率四个内生变量；非石油商品价格指数（pcm_t）和美国短期利率（$usrs_t$）两个外生变量）的 VAR 模型，对欧元区货币政策传导机制是否变化进行了实证分析。

二是对 VAR 模型考虑引进新的变量，并结合冲击理论对模型运行的效果加以解释，Christiano、Eichenbaum 和 Evans（1994，1996）根据基金账户的流动评估货币政策冲击对于不同经济部门借贷活动的影响，探讨了度量货币政策外生冲击的两个一般策略（即冲击的稳健性和敏感性）；Leeper、Sims、Zha（1996）选取 1959 年 7 月至 1996 年 3 月的美国月度数据，变量为包含诸如 M_1、M_2 等在内的 20 个变量，他们具体探讨了关于货币政策的大型 VAR 系统的估计问题；Evans 和 Kuttner（1998）基于 Christiano、Eichenbaum 和 Evans（1994，1996）的研究，利用联邦基金远期利率作为分析的基础，进一步表明 VAR 模型反映货币政策对经济活动的影响能力；Christiano、Eichenbaum 和 Evans（1998）研究得出货币政策冲击对货币基数和 M_1 仅有微弱的同期影响，其主要影响在于表明未来货币供给的运动方向。

三是进一步改进模型的结构，提高度量货币政策的评价效果，如 Bernanke 和 Mihov（1998）在 Bemanke 和 Blinder（1992），Christiano、Eichenbaum 和 Evans（1994，1996）等学者研究的基础上，提出了应用半结构 VAR 方法对货币政策进行评价和度量；Sims（1999）根据 Hidden Markov Chain 模型设定研究货币政策对于经济的非线性影响，探讨了 1948—1997 年美国货币政策行为。结果表明美国的货币政策行为是非线性的，并且随时间而发生变化。

四是根据 VAR 模型估计的结论与其他方法加以对比分析，如 Romer（1989）提出用叙述法来判定货币政策的执行情况，该方法强调不只是根据统计分析所得到的结果，而是依赖于货币政策历史记录所得到的证据；Pesaran 和 Smith（1998）综述了协整 VAR 与基于自回归分布滞后建模、联立方程组建模的关系，强调用经济理论补充说明统计信息的重要性；Garratt、Lee、Pesaran 和 Shin（1999）讨论了结构协整 VAR 方法用于宏观经济计量建模，并与其他方法，如大型联立模型建模、结构 VAR、动态随机一般均衡模型等进行了比较。

由世界各国货币政策传导研究方法的发展趋势可以看出，向量自回归（VAR）模型方法已越来越广泛地应用于货币政策问题研究。根据中央银行货币政策运行的实际数据，估计 VAR 模型，实证检验货币政策各项指标的传导关系，是当前研究货币政策及其传导数量效果的有效方法。

（2）国内研究现状

我国学者运用 VAR 模型研究货币问题相对于国外较晚，基本始于 21 世纪初期。黄先开博士（2000）运用 VAR 模型技术系统地分析了货币政策传导过程中的数量特征。特别是用 VAR 模型技术建立冲击响应函数和方差分解分析，具体解释了货币政策传导对宏观经济的影响，使我国在货币政策传导机制的数量规律性研究方面以及实证方法的应用上有了新的突破。阎庆民和李木祥（2001）根据月度数据应用脉冲响应函数和方差分解分析方法，把货币政策以 1997 年年初为界分成前后两个变化时期，进一步研究了我国货币政策的传导机制以及传导的影响效果，使得对货币政策在传导过程中的短期波动有了更加清晰的认识。徐龙炳（2001）系统地运用 VAR 模型以及脉冲响应函数方法与工具，对中国改革开放以来的不同时段货币政策传导的数量效果，按季度和年度数据资料作了全面的实证分析和评价，使得应用 VAR 技术分析我国经济问题和在宏观金融领域的研究中有了进一步发展。

陈飞、赵昕东和高铁梅（2002）则采用 VAR 和脉冲响应函数对 1991—2000 年的实际的 M_1、LOAN 和 GDP 的季度数据进行了实证研究，认为货币渠道比信贷渠道对于 GDP 有更大的作用。周英章、蒋振声（2002）运用协整与基于向量自回归模型的格兰杰因果检验和预测方差分解等时间序列分析方法，对我国 1993—2001 年的货币政策传导机制进行实证分析，结果表明我国的货币政策是通过信用渠道和货币渠道共同传导发挥作用的，相比之下信用渠道占主导地位。但在我国经济转轨时期，信用渠道的传导障碍在很大程度上限制了以其为主要传导途径的货币政策有效性，使增加有效信用供给成为提高当前我国货币政策有效性的关键。冯春平（2002）采用滚动 VAR 方法对货币供给冲击对产出和价格的影响进行了实证研究，发现货币冲击有明显的变动性，得到货币冲击对产出的中短期影响逐渐下降，稍长期的影响也在后期降低，对价格的影响波动性更大，并有逐渐加大的趋势。孙明华（2004）运用单位根检验、协整检验、格兰杰因果关系检验、向量自回归模型等技术，对我国从 1994 年第一季度至 2003 年第一季度期间的货币政策传导机制进行实证分析，从而找出 M_1、LOAN 和 GDP 以及 M_2、LOAN 和 GDP 之间的稳定关系，证明了目前在我国，货币政策是通过货币渠道而不是信贷渠道对实体经济产生影响的。蒋瑛馄、刘艳武和赵振全（2005）运用协整检验、向量自回归、脉冲响应函数等方法，对我国由直接调控向间接调控转轨的 1992 年第一季度至 2004 年第二季度期间的货币政策传导机制进行实证分析。实证结果表明 20 世纪 90 年代以来信贷渠道在我国货币政策传导机制中占有重要地位。徐淑一、欧大军（2005）对 1999 年到 2005 年的货币、生产者价格指数、居民消费价格指数建立 VAR 模型进行脉冲响应分析，发现生产者价格指数对货币变化更为敏感，而且它进一步地影响居民消费价格指数。杨新松、龙革生（2006）运用协整检验、Granger 因果关系检验、向量自回归模型等计量方法分析了我国货币政策是否会影响到股票市场，得出结论：货币供应量 M_1、M_2 与股市流通市值存在双向因果关系，名义利率和实际利率是股市流通市值的 Granger 原因；中央银行可以通过货币供应量和利率两种方式影响股票市场，其中利率更有效。李琼、王志伟（2007）选用 1993 年至 2006 年之间的季度数据，运用向量自回归模型（VAR）、脉冲响应函数和误差修正模型（VECM）对我国货币政策的传导机制进行了实证分析，得出信贷渠道还没有成为我国的主要传导渠道的结论。陈平、张宗成（2008）运用协整分析、向量自回归模型（VAR）、向量误差修正模型（VECM）、脉冲响应函数、方差分解技术等计量方法对我国股票市场和货币政策传导机制的影响进行了实证分析。结果显示股票市场已经成为传导货币政策的一个主要渠道，中央银行制定货币政策时必须要考虑股票市场。瞿强（2008）构建一个 6 变量结构性向量自回归模型（SVAR），初步刻画并分析货币政策的主要指标对我国实体经济的影响及其传导路径；得出一个基本的观察，即信贷无论是对产出还是对价格变化都有较为显著的影响。

5.2 货币政策传导机制整体效应 VAR 模型及脉冲响应分析

目前对货币政策传导过程是否产生了联合的变化这个问题的实证研究集中在特定的发展对特定的传导渠道的影响效应。这种理论的另一个问题是特定的变化对货币政策的整体效应会产生外部效应，从而产生货币政策控制通货膨胀能力改变的问题。为了弄清这个问题，我们调查研究货币政策传导到通货膨胀和总产出的整体过程中是否有重大变化，通过寻找可能的断点日期，估计我国的标准 VAR 模型。

总的来说，全球化和金融发展使货币传导机制可能产生的变化在已有的实证理论中充其量只是一种组合。其中一些分析找到了传导机制变化的证据，也有一些没有找到。但是，变化的方向往往出现自相矛盾的影响。有相当一部分的理论聚焦于特定的传导渠道（如利率渠道），传导链的某一个阶段（如菲利普斯曲线），或单一因素可能造成的影响（如全球化）。这样一个相当狭窄的视角有其优点，但也伴随着很多问题。

第一，潜在资源的不确定性结果，即特定因素引起的特定传导渠道变化的实证鉴定要求，传导渠道利率的实证鉴定和来自于其他潜在影响的驱动因素的实证隔离。这两个方面在应用中都是非常困难的，主要是因为（1）传导过程复杂而且包含许多共存和纠缠的渠道，这就使得隔离下一阶段的传导过程更加困难（Worms，2004）；（2）结构性变化的潜在影响很难鉴定、衡量和隔离，因为它们通常同时出现，而且不是相互独立的。

第二，聚焦于特定渠道和单一影响不可能评估货币传导政策变化的整体效应。之前的讨论显示，有先验限制，这些变化的净效应不管从理论还是实证上来说都仍然是一个悬而未决的问题。很有可能是同时不同的驱动力在朝不同的方向运作，以至于最终的整体动态净效应和货币政策传导的强度是微不足道的，而同时在某个渠道和货币政策传导的某个阶段是显著受影响的。在这种情况下，聚焦于特定的渠道会产生误导，因为货币政策对通货膨胀和产出的最终效应太有限的影响。

因此我们发现值得采用不同的路线，通过在金融市场发展历程中识别出货币政策传导机制的潜在断点日期，并检验货币政策传导到产出和通货膨胀过程是否有整体的变化。为了做到这一点，有必要总体地看待数据，而不要施加过多的先验限制。这种方法的其他例子包括基于 VAR 的贡献，如 Peersman 和 Smets（2003），Angeloni 和 Ehrmann（2003）或（基于优化）结构模型，如 Smets 和 Wouters（2003）或 Christiano 等（2007）。

本文主要采用单位根检验、协整检验、格兰杰因果检验、向量自回归（VAR）、脉冲响应函数等计量方法。通过单位根检验来检验数据的平稳性，通过协整检验和格兰杰因果检验方法来检验金融产品创新对货币政策中介目标和最终目标之间的相关性程度的影响，通过向量自回归（VAR）、脉冲响应函数等方法来检验金融市场发展对货币政策中介目标的可控性和货币政策传导机制渠道选择的影响。

5.2.1 VAR 模型基本结构及其变量选择分析

（1）模型基本结构

本文假设货币政策传导整体效应的 VAR 基准模型矩阵形式为

$$y_t = k + A(L) y_{t-1} + Bx_t + u_t \qquad (5-2-1)$$

其中，y_t 表示内生变量向量；k 表示常数向量；x_t 表示外生变量向量；u_t 表示序列不相关的误差扰动向量，满足零条件均值条件和同方差矩阵条件；A 和 B 是系数矩阵；L 是滞后算子。

在 VAR 基准模型中，内生变量向量 y_t 包含三个变量：实际 GDP 增长率（RGDP，Real Gdp）、GDP 平减指数（GDPD，Gdp Deflator）、国内名义短期利率（DNSR，Domestic Nominal Short - term Rate，货币政策传导分析中一个特定的变量，如 Iacoviello，2005），即

$$y_t' = (RGDP_t \quad GDPD_t \quad DNSR_t) \qquad (5-2-2)$$

外生变量向量 x_t 包含一个变量：美国短期利率（USSR），即

$$x_t = USSR_t \qquad (5-2-3)$$

（2）变量选择分析

变量的选择对实证结果具有重要意义。一方面遗漏重要变量，会影响估计结果的稳健性（Robustness），另一方面，VAR 方法待估参数较多，对数据要求较大，两者之间需要进行权衡。由于本部分是分析货币政策传导机制的整体效应，因此首先要保证所选择的变量能够体现出货币政策传导机制的整体性。

由于本书在考虑金融市场化对货币政策传导机制的影响，而利率又是反映金融市场化最为直接的变量，因此，在 VAR 变量体系中将纳入利率因素。鉴于短期利率对货币市场资金供求状况最为敏感，变动十分频繁，更能够实时有效地体现出货币政策的变化，同时名义利率反映了当期的资本成本情况，在确定利率变量时本文将选择国内的名义短期利率变量。

根据第四章的描述可知，我国的利率还没有实现完全的市场化，因此在确定我国金融市场中有代表性的利率指标时，遇到很大的困难。在选择国内名义短期利率指标时，可供参考的利率指标包括：银行间同业拆借利率（CHIBOR）、回购利率（Repo）、国债收益率、央行票据利率、商业银行短期存贷款利

率等。其中同业拆借利率是拆借市场的资金价格，是货币市场的核心利率，也是整个金融市场上具有代表性的利率，它能够及时、灵敏、准确地反映货币市场乃至整个金融市场短期资金供求关系，对货币市场上其他金融工具的利率具有重要的导向和牵动作用。拆借利率的升降，会引导和牵动其他金融工具利率的同步升降。因此，它被视为观察市场利率趋势变化的风向标。中央银行更是把同业拆借利率的变动，作为把握宏观金融动向，调整和实施货币政策的指示器。按期限长短分，我国银行间同业拆借利率主要有隔夜、1 天、7 天、1 个月、4 个月等品种，其中银行间 7 天加权平均拆借利率是最具有代表性的拆借利率。基于以上理由，本书最终选择了银行间 7 天加权平均拆借利率作为国内名义短期利率的代理变量。

我国宏观经济的最终目标通常为经济增长、物价稳定、充分就业、国际收支平衡，但是在我国相当一段时间把宏观经济调控的最终目标只是确定为物价稳定与经济增长。《中国人民银行法》（1995）也明确把货币政策的最终目标确定为“保持币值稳定，并以此促进经济增长”。因此把价格变动和经济增长作为体现实体经济变量是肯定的。近年来，政府对充分就业已十分关注，从理论上说就业状况应当作为我国的实体经济变量，但是我国目前的就业统计数据没有包括农村人口，仅有的城镇登记就业率数据又存在很多问题，不能完整地说明就业的真实状态，目前暂时还不宜使用这样的数据去说明充分就业问题，因此就业变量只能暂时不纳入本书模型的实体经济变量中。

目前一般的实证研究中都采用消费者物价指数 CPI 来表示物价变动，但实际上 GDP 平减指数才是表现价格变动最全面的变量。GDP 平减指数，又称 GDP 缩减指数，一种说法是指没有扣除物价变动的 GDP 增长率与剔除物价变动的 GDP 增长率之差。还有一种说法是指按当年不变价格计算的国内生产总值与按基年不变价格计算的国内生产总值的比率。它的计算基础比CPI广泛得多，涉及全部商品和服务，除消费外，还包括生产资料和资本、进出口商品和劳务等。因此，这一指数能够更加准确地反映一般物价水平走向。另外，与投资相关的价格水平在这一指标中具有更高的权重。因此本书选择GDP平减指数来表示价格水平的变动，GDP平减指数采用第二种说法，即用名义GDP与实际GDP的比率表示。

反映经济增长的最常用、最综合的指标是国内生产总值（GDP），在这一变量的选择上没有争议。但是究竟是使用名义GDP还是实际GDP还需要斟酌。实际GDP按同一基年的不变价格计算得出，不包含在不同年份中因价格变动对GDP的影响。实际GDP反映了这一时期内国内生产总值中实际产出数量的真实变化情况，便于不同年度国内生产总值之间的比较。为了分析比较生产水平的实际增长幅度，往往需要把按当年价格计算的名义GDP调整为按不变价格计算的实际GDP。因此本书用季度实际GDP代表我国经济增长变量。即实体经济指标包含GDP平减指数和实际GDP两个变量。

除此之外，为了避免潜在的“价格之谜”①，在VAR实证研究理论一般都会增加一些外生变量，允许外生变量同时影响内生变量，但内生变量不能影响外生变量（可参考Peersman and Smets，2003）。纽约货币市场和伦敦货币市场是世界上最大的短期融资中心，由该市场确定的利率水平对世界市场起着带头作用。在我国的对外贸易中，美元计价的贸易量所占比重较高，

① 所谓“价格之谜”，指的是利率冲击（货币政策紧缩冲击）非但没有导致物价下降，而是导致物价上升这样的违背常态的脉冲响应结果。Sims（1992）认为原因在于，原先的方程体系中没有包含物价指数、汇率这些指标，而这些指标是反映未来价格动向的先行指标，也是中央银行可以用来预测通胀的指标。如果增加这些指标，就能够消除，或至少是减少所谓的“价格之谜”。

而且美国是我国的第一大贸易伙伴。美元利率变动对我国经济乃至世界经济影响重大，有人称东南亚金融危机之后包括我国在内的东亚的汇率制度为美元本位制（McKinnon，2005）。短期资金供求对美国联邦基金利率反应最为敏感，其他利率常受此影响。因此，本书确定美国短期利率（联邦基金利率）为模型的外生变量，以试图避免可能的“价格之谜”。

（3）数据范围及说明

由于货币市场和资本市场反应迅速，根据一般规则，选用季度数据进行计算。同时基于数据完整性，本书选择 1992 年第一季度至 2009 年第一季度共 69 个样本个体的数据估计货币政策传导整体效应的 VAR 模型。

国内名义短期利率：1992Q1—2009Q1 的银行间 7 天加权平均拆借利率是由中国人民银行月度数据中加权计算得到。

实际 GDP：我国关于季度 GDP 的统计从 1992 年开始，而且是以累计的形式统计和公布的（每次公布累计名义 GDP 和累计实际增长率），因而我们只能根据这两个数据来推算每季的名义 GDP 和实际 GDP。季度名义 GDP = 本季度累计名义 GDP - 上季度累计名义 GDP。季度实际 GDP 的计算方法为：将样本开始年作为基期，各季度的实际 GDP 就是其名义 GDP 根据公布的 GDP 累计实际增长率依次计算出以后年度各季度的季度实际累计 GDP；每季（不包括第一季度）的实际 GDP = 本季累计实际 GDP - 上季累计实际 GDP。其中，1992Q1—2001Q4 的名义 GDP 累计数据和实际 GDP 累计增长率同比数据来源于《中国季度国内生产总值核算历史资料》一书；2002Q1—2008Q4 的名义 GDP 数据和实际 GDP 增长率数据来源于锐思金融研究数据库；又因为本书中将 1992 年作为基期，1992 年各季度的实际 GDP 值等于名义 GDP 值，进而由 1992Q1—1993Q4 的实际 GDP 值计算出 1993Q1—1993Q4 的实际 GDP 增长率；2009Q1 的名义 GDP 数据和实际 GDP 增长率数据来源于中国宏观经济数据库。

GDP 平减指数：通过计算名义 GDP 和实际 GDP 的比值得到。

美国短期利率：美国联邦基金利率数据来源于美国联邦储备银行。

国内名义短期利率和美国短期利率采用原始数据，实际 GDP 和 GDP 平减指数采用季节调整后的数据。

5.2.2 序列平稳性检验

由于伪回归的存在，因此在建立 VAR 模型前，很有必要判定所分析的时间序列的平稳性，检验变量序列是否平稳的过程叫单位根检验。在以上对数据进行处理基础上，本书采用 ADF 单位根检验法来检验各个序列的平稳性，滞后期的选择在此选用 SC 准则，结果见表 5－1。

表 5－1 RGDP_ SA、GDPD_ SA、DNSR 和 USSR 的 ADF 检验结果

序列	最优滞后期	t 统计量	显著程度（%）	关键值
RGDP_ SA	0	－1.384268 （0.5850）	1	－3.530030
			5	－2.904848
			10	－2.589907
GDPD_ SA	3	－0.809057 （0.8097）	1	－3.534868
			5	－2.906923
			10	－2.591006
DNSR	1	－0.692341 （0.8412）	1	－3.531592
			5	－2.905519
			10	－2.590262
USSR	2	－2.539775 （0.1109）	1	－3.533204
			5	－2.906210
			10	－2.590628

注：( ) 中为 MacKinnon（1996）one－sided p－values。

由表5－1，根据概率统计相关知识，可以判断所有序列均为非平稳序列，因此对所有序列进行一次差分处理后再进行ADF检验，结果见表5－2。

表5－2 RGDP_ SA_ D、GDPD_ SA_ D、DNSR_ D和USSR_ D的ADF检验结果

序列	最优滞后期	t统计量	显著程度（%）	关键值
RGDP_ SA_ D	0	－7.975541 (0.0000)	1	－3.531592
			5	－2.905519
			10	－2.590262
GDPD_ SA_ D	2	－9.149317 (0.0000)	1	－3.534868
			5	－2.906923
			10	－2.591006
DNSR_ D	0	－3.738896 (0.0055)	1	－3.531592
			5	－2.905519
			10	－2.590262
USSR_ D	0	－4.166234 (0.0015)	1	－3.531592
			5	－2.905519
			10	－2.590262

由表5－2可知，RGDP_ SA_ D、GDPD_ SA_ D、DNSR_ D和USSR_ D序列均为平稳序列。

综上所述，RGDP_ SA、GDPD_ SA、DNSR和USSR均为1阶单整序列。因此接下来对GDPD_ SA、RGDP_ SA、DNSR和USSR四个序列进行协整检验，注意其中序列USSR为外生变量。

5.2.3 Johansen协整关系检验

首先确定无约束的VAR模型的最优滞后期。由于采用的是季度数据，因此本书选择最大 8 阶分别进行计算。各滞后阶数下的 AIC 值、SC 值、LR 值及其临界值见表 5 -3。

表 5 -3 不同滞后阶数下的 AIC 值、SC 值、LR 值及其临界值

滞后值	1	2	3	4	5	6	7	8
AIC 值	4.356375	4.072557	4.122236	4.191043	4.264364	4.312894	4.158246	4.259010
SC 值	4.845972	4.862298	5.217063	5.596032	5.984723	6.353975	6.525540	6.958160
LR 值	41.3722	18.7938	17.6498	17.49854	19.20694	31.90108	16.01166	26.4568
临界值（5%）	66.33864905	124.34211	200.3339	294.3207	406.3048	536.2874	684.269	850.2499

根据 AIC 信息准则，滞后期应当选择 2；根据 SC 信息准则，滞后期应当选择 1。由于 AIC 和 SC 信息准则选择出现冲突，因此在此基础上采用 LR 准则来确定最优滞后期，最终确定为 1。

协整检验的最优滞后期同无约束的 VAR 模型一致。检验结果见表 5 -4。

表 5 -4 整体效应 VAR 模型的 Johansen 协整检验结果

Unrestricted Cointegration Rank Test (Trace)

Hypothesized		Trace	0.05	
No. of CE (s)	Eigenvalue	Statistic	Critical Value	Prob. **
None	0.251000	29.76746	29.79707	0.0504
At most 1	0.120298	10.40340	15.49471	0.2510
At most 2	0.026739	1.815874	3.841466	0.1778
Trace test indicates no cointegration at the 0.05 level				
* denotes rejection of the hypothesis at the 0.05 level				
* * MacKinnon - Haug - Michelis (1999) p - values				
Unrestricted Cointegration Rank Test (Maximum Eigenvalue)				

续表

Hypothesized		Max – Eigen	0. 05	
No. of CE（s）	Eigenvalue	Statistic	Critical Value	Prob. **
None	0. 251000	19. 36406	21. 13162	0. 0868
At most 1	0. 120298	8. 587528	14. 26460	0. 3221
At most 2	0. 026739	1. 815874	3. 841466	0. 1778
Max – eigenvalue test indicates no cointegration at the 0. 05 level				
* denotes rejection of the hypothesis at the 0. 05 level				
**MacKinnon – Haug – Michelis（1999）p – values				

由上可知，迹检验和最大特征根检验均显示在5%显著水平下不存在协整向量。

5.2.4 格兰杰因果关系检验

由于格兰杰因果检验需要平稳序列，因此进行检验的序列为：GDPD_ SAD、RGDP_ SAD、DNSR_ D和USSR_ D。格兰杰因果检验时滞后期选择同上，滞后1期，检验结果见表5－5。

表5－5 格兰杰因果关系检验结果

Lags：1

Null Hypothesis：	Obs	F – Statistic	Prob.
GDPD_ SAD does not Granger Cause RGDP_ SAD	67	40. 4656	2. E－08
RGDP_ SAD does not Granger Cause GDPD_ SAD	1. 67367	0. 2004	
DNSR_ D does not Granger Cause RGDP_ SAD	67	0. 41841	0. 5200
RGDP_ SAD does not Granger Cause DNSR_ D	3. 96970	0. 0506	
USSR_ D does not Granger Cause RGDP_ SAD	67	2. 08765	0. 1534
RGDP_ SAD does not Granger Cause USSR_ D	0. 17549	0. 6767	
DNSR_ D does not Granger Cause GDPD_ SAD	67	0. 52162	0. 4728

续表

Null Hypothesis:	Obs	F - Statistic	Prob.
GDPD_ SAD does not Granger Cause DNSR_ D	0.07619	0.7834	
USSR_ D does not Granger Cause GDPD_ SAD	67	0.16082	0.6897
GDPD_ SAD does not Granger Cause USSR_ D	0.16390	0.6869	
USSR_ D does not Granger Cause DNSR_ D	67	1.06705	0.3055
DNSR_ D does not Granger Cause USSR_ D	0.06388	0.8013	

根据表5-5，结合Granger因果关系检验相关原理可知，在10%显著水平下，存在的Granger因果关系有：GDPD_ SAD→RGDP_ SAD和RGDP_ SAD→DNSR。即：GDP平减指数是实际GDP的Granger原因，GDP平减指数对实际GDP会产生滞后影响；实际GDP是国内短期名义利率的Granger原因，实际GDP会对国内短期名义利率产生滞后影响。

5.2.5 VAR模型

由于协整检验结果显示不存在协整向量，因此VAR模型采用无约束的VAR模型形式，最优滞后期为1。估计VAR模型如表5-6所示。

表5-6 整体效应的VAR模型估计

Vector Autoregression Estimates

Sample (adjusted): 1992Q2 2009Q1

Included observations: 68 after adjustments

Standard errors in ( ) & t - statistics in [ ]

RGDP_ SA	GDPD_ SA	DNSR	
RGDP_ SA (-1)	0.972554	-0.008581	0.179219
	(0.03978)	(0.02420)	(0.02683)

续表

RGDP_ SA	GDPD_ SA	DNSR	
	[24.4471]	[-0.35461]	[6.67904]
GDPD_ SA (-1)	-1.096633	0.347582	-0.374873
	(0.19347)	(0.11769)	(0.13050)
	[-5.66816]	[2.95348]	[-2.87264]
DNSR (-1)	-0.105044	-0.033318	0.944711
	(0.02567)	(0.01561)	(0.01731)
	[-4.09261]	[-2.13404]	[54.5690]
C	2.413277	1.461648	-0.997767
C	[4.12397]	[4.10626]	[-2.52786]
USSR	0.069739	-0.006428	0.012270
	(0.05141)	(0.03127)	(0.03468)
	[1.35648]	[-0.20553]	[0.35383]
R - squared	0.914669	0.329740	0.989361
Adj. R - squared	0.909251	0.287183	0.988686
Sum sq. resides	27.83887	10.30054	12.66539
S. E. equation	0.664746	0.404352	0.448373
F - statistic	168.8260	7.748333	1464.714
Log likelihood	-66.12329	-32.31923	-39.34625
Akaike AIC	2.091862	1.097624	1.304302
Schwarz SC	2.255061	1.260823	1.467501
Mean dependent	10.05331	1.765535	5.601277
S. D. dependent	2.206662	0.478929	4.215320
Determinant resid covariance (dof adj.)		0.012660	
Determinant resid covariance		0.010068	
Log likelihood		-133.1168	
Akaike information criterion		4.356375	
Schwarz criterion		4.845972	

通过拟合残差检验，发现 VAR 模型可靠性较好，见图 5 -1。

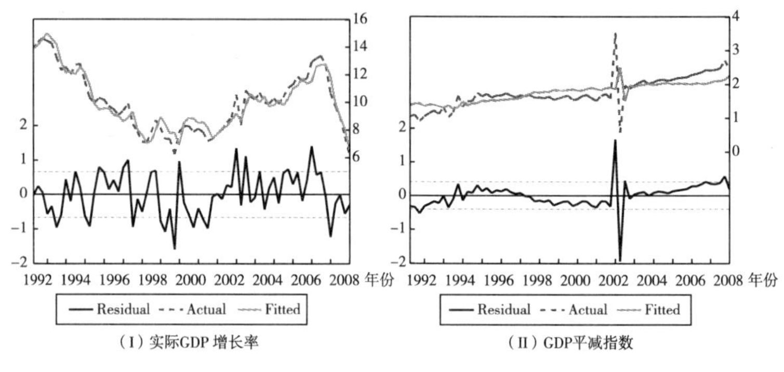

（Ⅰ）实际GDP 增长率

（Ⅱ）GDP平减指数

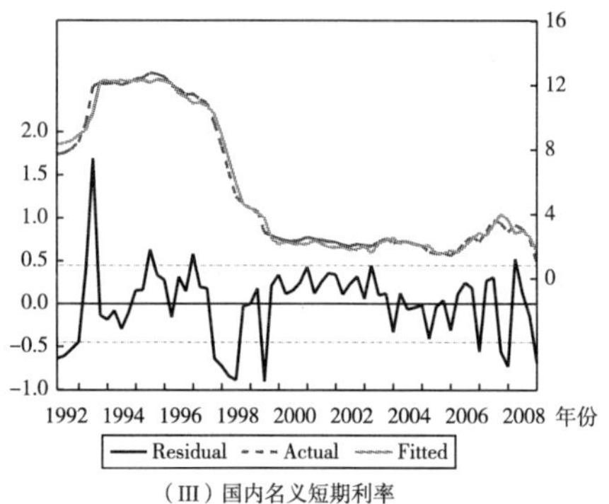

（Ⅲ）国内名义短期利率

图 5 -1　VAR 模型检验结果

由以上 VAR 模型可以分析出，对实际 GDP 增长率而言，GDP 平减指数和国内短期名义利率对其滞后影响非常显著。对 GDP 平减指数而言，国内短期名义利率对其影响显著。对国内名义短期利率而言，实际 GDP 增长率和 GDP 平减指数对其影响显著。

5.2.6 脉冲响应分析

值得注意的是，脉冲响应函数的结果依赖于各变量进入VAR模型的顺序，改变VAR模型中的方程顺序就会导致脉冲响应的很大不同。根据货币政策的传导链条中各变量发生作用的先后顺序来排序，变量在模型中的顺序依次为国内名义短期利率、GDP平减指数、实际GDP增长率。而且，国外学者在运用VAR模型研究货币政策传导机制的时候，一般是将物价水平放在产出或者GDP的后面。而我国货币政策的宗旨是“稳定物价，并以此促进经济增长”，因此我们将反映物价水平的GDP平减指数变量放在产出的前面。

各个变量的冲击响应曲线如图5－2所示。图5－2中，横轴表示冲击作用的滞后期数（单位：季度），纵轴表示脉冲响应函数值。由图中可以看出：

（1）DNSR→RGDP_ SA：国内名义短期利率对实际GDP增长率的冲击幅度大，且冲击效应时间持续较长，即当通货紧缩时，从第一季度开始实际GDP增长率迅速下降，直到第十五季度时实际GDP增长率达到最低点后才逐渐开始恢复到利率冲击之前的水平。总体上看，国内名义短期利率上升的冲击，使得国内总产出增长率减速。一般经济理论认为，当市场利率上升时，意味着资金成本增加，不利于融资活动，这样就会对投资规模造成影响，从而不利于经济增长。同时，随着利率的上升，资金的时间价值也将增加，使得人们也更愿意将资金存放起来，而减少消费，由此也不利于经济增长。从这两个角度上看，国内短期名义利率的冲击都是符合一般经济理论的。另外，从长期看，货币政策应当是中性的，本文进行脉冲响应分析的结果也说明短期利率货币政策的冲击确实具有货币中性。

（2）DNSR→GDPD_ SA：国内名义短期利率对 GDP 平减指数的冲击效应相对较小，冲击作用持续的时间也较长。当通货紧缩时，GDP 平减指数第一季度下降，随之下降速度放缓，直到第十八季度时完全恢复到原来的水平，之后略有上浮趋势。总体上看，国内名义短期利率上升对 GDP 平减指数的冲击效用是使其下降的。这个结果说明本书之前极力想避免的“价格之谜”问题得到抑制。

通过比较国内名义短期利率对实际 GDP 增长率和 GDP 平减指数的冲击作用，可以得出结论：国内名义短期利率对经济增长的冲击影响较对物价水平的冲击影响要大许多，但同为负向的影响，符合宏观经济一般理论和货币中性理论。

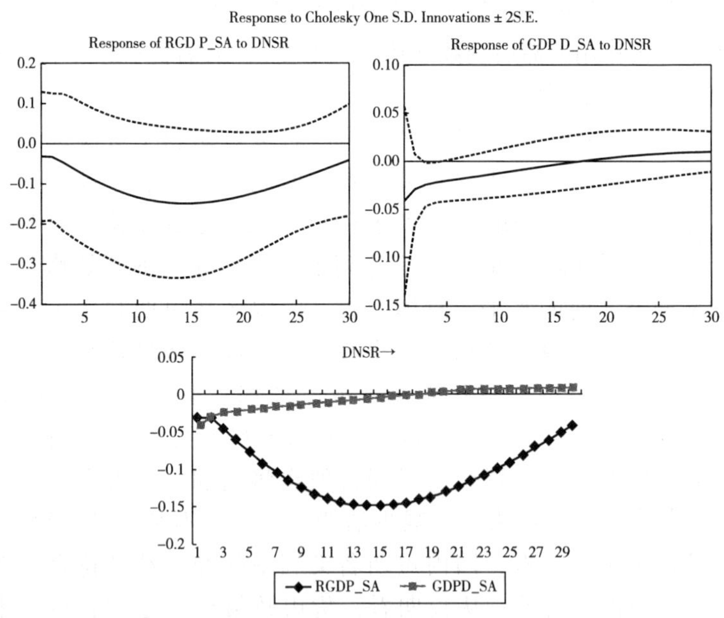

图 5-2　脉冲响应图

为了验证模型的稳定性情况。本书分析了可能引起模型不稳定的主要原因，有以下几种：一是变量选择不同造成的不稳定；二是 VAR 模型中各个估计方程确定顺序和脉冲响应函数分解顺序造成的不稳定；三是我国金融市场经过近二十几年的发展变化出现了明显的结构性变化带来的模型不稳定。

对于第一种原因，本书在对模型选择变量时已经说明了选择各个变量的理由，从理论上和实证检验结果上看都是可行的。谨慎起见，同时也为了得出更多更好的结论，以便更加系统全面地阐释货币政策传导机制在我国的变化情况。本书在原模型基础上分别增加国内长期名义利率（五年以上贷款利率）、货币供应量 M_1、货币供应量 M_2 后重新估计模型进行脉冲响应分析；再在原模型基础上将国内名义短期利率和美国短期利率均改为实际利率后重新估计模型进行脉冲响应分析；最后在利率变量改为实际利率的模型基础上增加长期实际利率（五年以上贷款利率）、货币供应量 M_1、货币供应量 M_2 重新估计模型进行脉冲响应分析。分析结果如图 5－3 和图 5－4 所示。

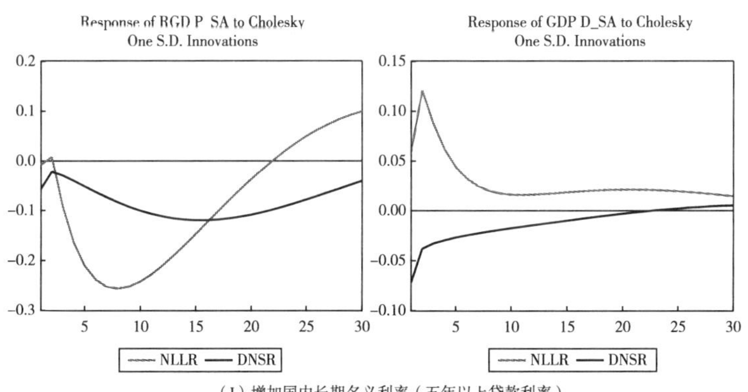

（1）增加国内长期名义利率（五年以上贷款利率）

图 5－3　在原模型基础上增加变量后的脉冲响应图

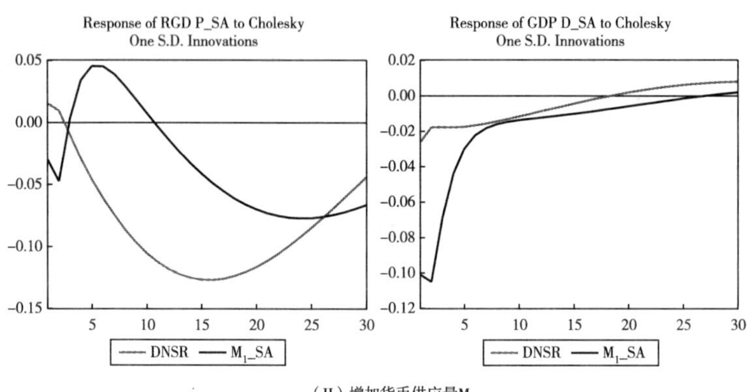

（Ⅱ）增加货币供应量M_1

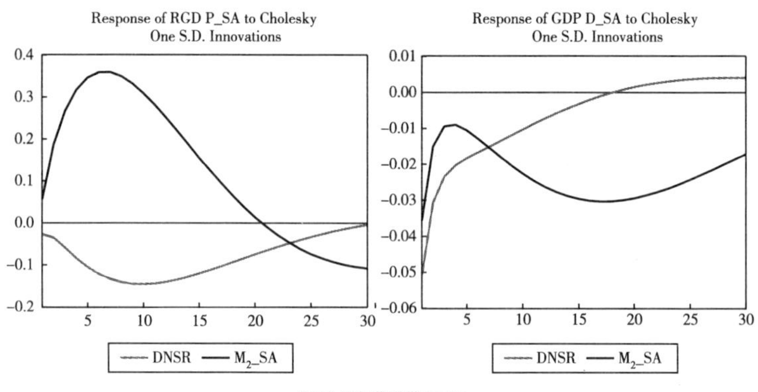

（Ⅲ）增加货币供应量M_2

图5－3　在原模型基础上增加变量后的脉冲响应图（续）

对比图5－3和图5－4可以看出，采用名义利率时，在增加变量时，脉冲效应趋势大体一致，而采用实际利率时变化幅度非常大，由此可以知道模型中利率变量采用名义利率时VAR模型会更加稳定。在模型利率变量采用名义值情况下，当分别增加长期名义利率、货币供应量M_1和货币供应量M_2时，国内短期利率对实际GDP增长率和GDP平减指数的冲击影响是基本保持一致的；而在模型利率变量采用实际值后，当分别增加长期

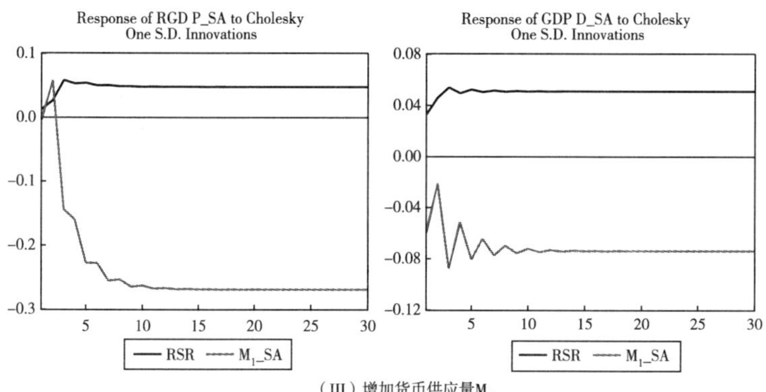

（III）增加货币供应量M_1

Response to Cholesky One S.D. Innovations ± 2S.E.

Response of RGD P_SA to RSR

Response of GDP D_SA to RSR

（I）国内和美国短期利率均换为实际利率

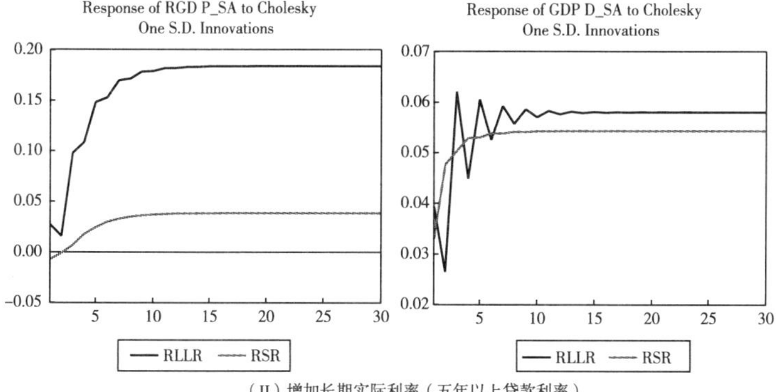

（II）增加长期实际利率（五年以上贷款利率）

图5-4　换为实际利率后的脉冲响应图

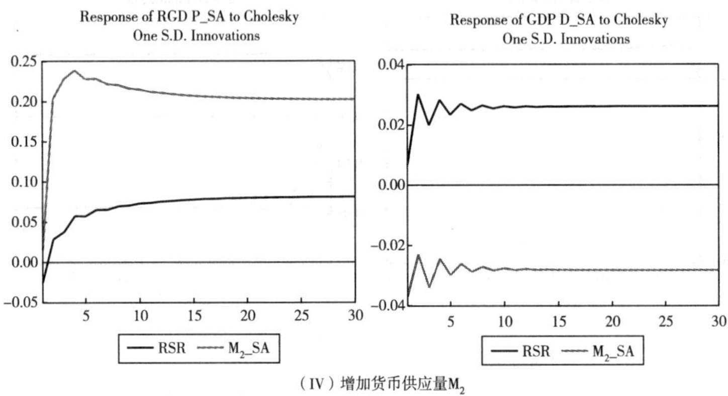

（IV）增加货币供应量M_2

图5-4　换为实际利率后的脉冲响应图（续）

名义利率、货币供应量 M_1 和货币供应量 M_2 时，国内短期利率对实际 GDP 增长率和 GDP 平减指数的冲击影响产生较大的变化。由此可见，本文初始采用的名义利率模型更为稳定。

另外，从图 5-3 中还可以分析出长期名义利率及货币供应量冲击对实体经济造成的影响。由图 5-3（I）可见，五年以上贷款名义利率的冲击使得第一季度实际 GDP 增长率有少许的下降，第二季度又上升并稍微超过冲击前的经济增长速度，随后实际 GDP 增长率大幅下跌，在第八季度达到最低点后开始逐渐恢复，直到第二十二季度时恢复到原来的水平，之后增长率才有所上升。总体来说，五年以上贷款名义利率冲击使得经济增长速度放缓。就一般经济理论而言，长期贷款利率的增加会限制投资规模，从而使实体经济增长速度变慢。由此可见，理论与实际是相符合的。反观图 5-4（II），长期贷款实际利率的冲击反而使实体经济增长加速，这和理论则是相悖的。从对物价水平的冲击角度看，五年以上贷款名义利率上升一个单位标准差，使得 GDP 平减指数在第一季度上升 0.06 左右，在第二季度上升 0.12，之后上升幅度有所放缓，到第九季度时开始变得平稳，总体上看，五年以上贷款名义利率上升的冲击提高了物价水平。

由图 5－3（II），可以看到货币供应量 M_1 对实际 GDP 增长率的冲击从即期（第一季度）开始就是使其下降，第二季度时下降幅度更大，第三季度时下降幅度变小，从第四季度开始冲击使实际 GDP 增长率上升，在第六季度时达到最高点，之后开始缓慢下降，在第十一季度左右恢复到原来水平，随后变化到原先经济增长水平之下，在第二十四季度时达到波谷，如此以第二十四季度为周期循环波动，波动幅度越来越小，直到第一百二十五季度之后才完全恢复到原来的水平。因此从总体上看，货币供应量 M_1 对实际 GDP 增长率的冲击影响在短期内是使其下降的，长期来看是一种循环的波动影响。从对物价水平的影响看，货币供应量 M_1 的冲击使 GDP 平减指数从第一季度开始下降，随后下降幅度放缓，到第十八季度左右恢复到原来物价水平，之后出现一个正向的正态性曲线波动，在第五十二季度左右完全恢复到原来的物价水平。就经济理论而言，货币供应量 M_1 增加，意味着现金和活期存款这两种流动性非常强的货币数量增加，应该可以非常灵敏地反映到实体经济上，而且对经济增长应该是一种正向的影响，对物价也应该是正向的冲击。

由图 5－3（III），可以看到货币供应量 M_2 对实际 GDP 增长率的冲击从即期（第一季度）开始就是使其小幅上升，之后上升幅度逐渐加大，在第六季度时达到最高点 0.37 左右（时间上与 M_1 的冲击最高点一致），之后开始缓慢下降，在第二十季度左右恢复到原来水平，随后变化到原先经济增长水平之下，在第三十季度左右达到波谷－0.1 左右，直到第五十一季度之后才完全恢复到原来的水平。因此从总体上看，货币供应量 M_2 对实际 GDP 增长率的冲击影响是使其上升的。从对物价水平的影响看，货币供应量 M_2 的冲击使 GDP 平减指数从第一季度开始下降，随后下降幅度放缓，到第三季度达到波峰 -0.01 左右，之后对物价的降幅影响增加，在第十六季度左右达到波谷 -0.03 左右，在第五十季度左右完全恢复到原来的物价水平。就经济理论而言，货币供应量 M_2 增加，意味着现金、活期存款以及储蓄存款这几种货币数量增加，应该可以非常灵敏地反映到实体经济上，对经济增长是一种正向的影响，对物价也应该是正向的冲击。

对于第二种原因，本书调整模型中各个方程确定顺序或调整脉冲响应函数分解顺序检验，结果仍然同上文一样。由此可以判断本书脉冲响应效应与模型方程确定顺序和脉冲响应函数分解顺序无关。

考虑第三种原因，本书采用断点分析法进行检验。在后文通过对 VAR 模型中各个方程的常数项和各参数系数进行断点分析，可以近似找出 2—3 个断点，在此基础上可以将模型划分为几个阶段，将各阶段的金融市场的发展和货币政策传导机制的变化联系起来进行分析，从而判定基准模型是否完全稳定，并且可以得出金融市场变化是如何影响货币政策传导机制的相关结论。

经过以上分析总结，发现我国的货币政策传导机制中市场名义利率扮演着非常重要的角色，市场名义利率的冲击对经济增长速度的影响远远大于对物价水平的影响，国家为了发展经济，在制定货币政策时应当更多地参考市场名义利率而不是市场实际利率，重视和发展调节名义利率的策略和政策工具。另外比较 M_1 和 M_2 对实体经济的冲击，可以发现货币供应量 M_2 更加符合现实情况。

5.2.7 货币政策传导机制整体效应断点分析

这部分基于上文的原始 VAR 模型设置多个断点进行稳定性

检验，将分别针对 VAR 模型中的各个方程而展开。希望在此基础上可以将金融市场的发展和货币政策传导机制的变化联系起来进行分析。

（1）寻找断点

经济计量中的结构性变化检验可以回溯到著名的邹氏（Chow，1960）检验法，但邹氏检验必须假设已知断点，而现实经济生活中经济变量的互动关系普遍存在时滞效应，如果事先假定一个已知的政策变化点作为样本分割点来考察通胀动态过程的变化，不利于准确甄别我国通胀动态路径在不同时期的变化情况，也难以精确捕捉其真实的结构转变点。因此，假设结构断点为未知的内生变量对研究相关问题更加科学。未知断点结构性变化检验的发展为本书分析货币政策传导动态机制的结构性转变提供了更合理的设计。许多学者分别提出了基于邹氏检验的扩展检验，在断点未知的情况下确定断点发生的时间，并给出了检验统计量与分布：Quandt（1960）建议使用 Quandt - Chow 统计量，即所有可能的变点中的 Chow 统计量的最大值（或者称为 SupF）来解决这一问题；Andrews（1993）、Andrews 和 Polberger（1994）给出了 Quandt - Chow 统计量渐进分布的临界值，未知断点检验法的理论发展更为完善；Andrews 等（1996）、Bai 和 Perron（1998）等也相继提出了检验时间序列可能存在多个结构性变点的方法。其中，Andrews 和 Polober（1994）提出的未知断点结构变化检验法（见附件）的理论发展尤为完善，其未知断点的检验统计量为

$$SupF_n = \underset{k_1 \leqslant k \leqslant k_2}{Sup} F_n(k)$$

$$ExpF_n = L_n\left(\frac{1}{k_2 - k_1 + 1}\sum_{t=k_1}^{k_2} \exp\left(\frac{1}{2}F_n(k)\right)\right)$$

$$AveF_n = \frac{1}{k_2 - k_1 + 1}\sum_{t=k_1}^{k_2} F_n(k)$$

它们均为 Wald 统计量。每个 Wald 统计量对应的 p 值使用 Hansen（1997）提出的方法计算。Eviews6.0 中以 Andrews 和 Polober（1994）中提出的未知断点结构变化检验法和 Hansen（1997）的 p 值计算方法为基础建立了 Quandt – Andrews 断点检验方法，本文采用此方法来寻找我国货币政策传导机制整体效应 VAR 模型发生结构性转变的未知断点，搜索域为全样本的中间 70% 区间，即从 1995 年第一季度到 2006 年第二季度，共 46 个样本个体。

为了精确判断 VAR 模型中参数结构稳定性检验对应的 SupW、ExpW 和 AveW 检验统计量是否具有统计显著性，本书使用 Hansen（1997）的方法计算对应的渐进 p 值（用 p – sup、p – exp 和 p – ave 表示）。对于模型中的每个方程，我们对其常数项和所有的解释变量系数进行了检验并分别计算了对应的渐进 p 值，如表 5 – 7 所示。

表 5 – 7 Quandt – Andrews 断点检验结果

（I）方程 1 检验结果

检验项	p – sup	p – exp	p – ave	结构断点
All	0.7712	0.5953	0.5534	2002Q3
RGDP_ SA（ –1）	0	0	0.0004	2001Q4 ***
GDPD_ SA（ –1）	0	0	0.0038	2001Q4 ***
DNSR（ –1）	0.0259	0.019	0.0674	2002Q3 *
C	0	0	0.0029	2001Q4 ***
USSR	0	0	0	2002Q4 ***

（II）方程 2 检验结果

检验项	p – sup	p – exp	p – ave	结构断点
All	0.0113	0.0153	0.0844	2003Q1 *
RGDP_ SA（ –1）	0	0	0	2003Q1 ***

续表

检验项	p - sup	p - exp	p - ave	结构断点
GDPD_ SA (-1)	0	0	0	2003Q3 ***
DNSR (-1)	0	0	0	2003Q1 ***
C	0	0	0	2003Q1 ***
USSR	0	0	0	2003Q1 ***

(III) 方程3检验结果

检验项	p - sup	p - exp	p - ave	结构断点
All	0.9835	0.9629	0.9665	1997Q4
RGDP_ SA (-1)	0.0737	0.1335	0.1728	1997Q4
GDPD_ SA (-1)	0.0006	0.0002	0.0479	1997Q4 **
DNSR (-1)	0.0002	0	0.0413	1997Q4 **
C	0.0092	0.0216	0.0745	1997Q4 *
USSR	0.0052	0.0115	0.1148	1997Q4

注：***表示在1%的显著性水平下可以拒绝原假设，存在结构断点；
**表示在5%的显著性水平下可以拒绝原假设，存在结构断点；
*表示在10%的显著性水平下可以拒绝原假设，存在结构断点。

本书在10%显著性水平下考虑是否发生结构性变化。

根据表5-7（I）可以看出，发生显著性结构变化的情况如下：2001年第四季度D（RGDP_ SA（-1））、D（GDPD_ SA（-1））和常数项C发生显著性结构变化，甚至在1%的显著性水平下亦是如此；2002年第三季度DNSR（-1）发生显著性结构变化；2002年第四季度USSR发生显著性结构变化，甚至在1%的显著性水平下亦是如此。

根据表5-7（II）可以看出，发生显著性结构变化的情况如下：2003年第一季度全系数以及RGDP_ SA（-1）、GDPD_ SA（-1）、DNSR（-1）、常数项C和USSR均发生显著性结构变化；除全系数以外，其他各项单独检验时在1%的显著性水平下也显示发生了结构性转变。

根据表5－7（Ⅲ）可以看出，发生显著性结构变化的情况如下：1997年第四季度GDPD_ SA（－1）、DNSR（－1）和常数项C均发生显著性结构变化，且GDPD_ SA（－1）、DNSR（－1）在5%显著性水平下也是如此。

综上所述，归纳如表5－8所示。从表中可以看出，在46个检验的时间点中，最后出现显著结构断点的只有6个时间点（10%显著性水平下）。而且从分析中也可以发现常数项和解释变量系数都对结构性变化影响显著。从严格意义上来讲，不能够将结构断点确定于某一个或几个单一的时间点（一个季度）上，但从表中至少可以看出模型参数的显著性结构性变化发生在1997年底到2003年初。

表5－8　各断点时间下存在显著结构变化的检验项

断点时间	存在显著结构变化的检验项
1997Q4 *(*)	eq03－GDPD_ SA（－1）、eq03－DNSR（－1）、eq03－C
2001Q4 ***	eq01－RGDP_ SA（－1）、eq01－GDPD_ SA（－1）、eq01－C
2002Q3 *	eq01－DNSR（－1）
2002Q4 ***	eq01－USSR
2003Q1 ***	eq02－RGDP_ SA（－1）、eq02－DNSR（－1）、eq02－C、eq02－USSR
2003Q3 ***	eq02－GDPD_ SA（－1）

回顾1990年以来我国金融市场的发展，结合本书第四章对金融市场发展的分析总结，可以发现1997年底到2003年初发生的金融重大事件确实足以使我国的货币政策传导机制发生结构性转变，见表5－9。

表 5-9 我国金融重大事件（1996—2004）

时间	具体事件
1996 年 6 月 1 日	中国人民银行放开银行间同业拆借利率，实现由拆借双方根据市场资金需求自主确定拆借利率
1996 年 12 月 1 日	我国实现人民币在经常项目下的可兑换
1997 年 6 月 5 日	银行将债券交易在中国外汇中心正式启动
1997 年 7 月 31 日	中国人民银行货币政策委员会召开第一次会议
1998 年 1 月 1 日	中国人民银行取消对国有商业银行贷款限额的控制
1998 年 4 月 1 日	中国人民银行批准商业银行可以授权分行加入全国同业拆借市场，从事其总行授权范围内的信用拆借业务
1998 年 5 月 26 日	中国人民银行恢复了公开市场业务债券交易，把国债、中央银行融资券和政策性金融债纳入交易工具之列
1998 年 9 月 3 日	中国人民银行放开银行间市场政策性金融债、国债发行利率
2000 年 8 月 1 日	中国人民银行首次公开市场业务正回购操作
2000 年 9 月 21 日	中国人民银行放开境内外币贷款利率和大额存款利率
2001 年 11 月 11 日	中国人民银行公布加入世贸组织后银行业对外开放的时间表
2002 年 3 月 1 日	中国人民银行决定即日起统一境内中、外资金融机构的外币存款、贷款利率管理政策
2002 年 9 月 9 日	国家外汇管理局决定取消中资企业开立经常项目外汇账户的条件限制，将原有的外汇阶段账户和外汇专用账户合并为经常项目外汇账户
2002 年 9 月 24 日	中国人民银行将当时公开市场操作未到期正回购转换为中央银行票据
2002 年 10 月 24 日	中国人民银行首次发行的中央银行票据在全国银行间债券市场上市交易
2003 年 10 月 1 日	中国外汇交易中心在银行间外汇市场实行双向交易
2003 年 11 月 20 日	金融机构小额外币存款利率下限放开
2004 年 1 月 1 日	中国人民银行进一步扩大金融机构贷款利率浮动区间
2004 年 11 月 18 日	1 年期以上小额外币存款利率放开

1996 年下半年，我国银行间同业拆借市场利率管制开始撤销，随着利率市场化改革序幕揭开，利率市场化改革不断深入，利率形成机制的市场化程度不断提高。1997 年 3 月，中国人民银行货币政策委员会成立，1997 年 4 月 10 日《中国人民银行货币政策委员会条例》正式颁布，中国人民银行制定和实施货币政策的体系和制度逐步完善。1997 年 6 月，全国银行间债券市场成立，中国债券市场就此形成两市分立的状态。此后全国银行间债市的不断发展为货币政策操作奠定了良好的基础，保证了货币政策有效传导。1997 年 11 月第一次全国金融工作会议召开后，国务院陆续出台了一系列国有商业银行和金融监管改革措施：中央财政定向发行 2 700 亿元特别国债，补充四大国有银行资本金；成立四大资产管理公司，以处理从四大国有银行剥离的不良资产；取消贷款规模，实行资产负债比例管理等重要改革措施；成立了中国证监会和中国保监会，分别负责证券业和保险业的监管，人民银行专司对银行业、信托业的监管；此外对人民银行自身机构进行了改革，原有的省分行被撤销，设立 9 个大区分行。

1998 年 1 月，我国取消贷款规模控制，1998 年 5 月，中国人民银行恢复公开市场业务。我国货币政策的操作手段逐步由过去的以贷款规模直接控制为主，转变为以市场为基础的间接调控方式，公开市场操作的力度不断加大。

2001 年 12 月 11 日中国正式加入世界贸易组织，成为其第 143 个成员国。金融业对外开放作出以下承诺：银行业加入时允许外资银行向所有中国客户提供外汇服务，加入 5 年内允许外资银行逐步在全国向所有中国客户提供本币服务。允许外资非银行金融机构提供汽车消费信贷。保险业加入时，允许设立外资比例不超过 50% 的合格寿险公司；加入 2 年内允许设立独资非寿险公司；3 年内取消地域限制；4 年内取消强制分保要求；5 年内允许设立独资保险经纪公司。证券业加入时允许设立合资证券投资基金管理公司。加入 3 年内允许外资比例达到 49%。加入 3 年内允许设立合资证券公司，外资比例不超过 33%，可以从事 A 股、B 股和 H 股、政府和公司债券的承销和交易。

2002 年 12 月 1 日中国证监会和中国人民银行联合发布的《合格境外机构投资者境内证券投资管理暂行办法》正式实施，QFII 制度在中国拉开了序幕。这是将中国资本市场纳入全球化资本市场体系所迈出的第一步，也为国际机构投资者开放了一个新的、日新月异的新兴资本市场。QFII 机制不仅可以优化资本市场投资者结构和投资理念，壮大资本市场，提高市场活力；更深层的意义在于，QFII 机制将促使中国资本市场与国际接轨，使中国企业在加强公司治理结构的改善、提高经营管理水平和完善会计制度以及透明度等方面都向前推进一步。2003 年 5 月，瑞士银行成为中国首家获批的 QFII。目前，QFII 已经成为中国股市上重要的机构投资者。

2003 年开始至今仍在进行的银行体制改革、农信社及农村金融体制改革、汇率改革和股权分置改革等金融改革对金融市场的影响也非常显著。

由于在实践操作中对 VAR 模型的方程逐个进行检验，因此在分析时应该将它们统一起来，从整体上进行分析，寻找对整体 VAR 模型结构变化影响最大的断点。基于这一理由，在发现 1997Q4、2001Q4 和 2003Q1 这三个断点发生显著结构性变化的项最多，但鉴于 2001Q4 与 2003Q1 相隔不是很远，而且显著性变化能够确定是在 1997Q4—2003Q1 期间发生，最后本书确定将这一变化期间作为一个阶段，另外将变化期间前后分别作为一个阶段，这样构建三个子样本数据重新对 VAR 模型进行断点分析，即将 1997Q4 和 2003Q1 作为货币政策传导机制整体效应

VAR 模型的结构断点。

（2）断点分析

本书这部分要检验金融市场的结构性变化是否对货币政策冲击有显著的影响，如果有显著影响则具体分析讨论。由于此部分研究的是货币政策传导的整体效应，因此本书在分析中不局限于某一个特定的传导渠道，而通过比较基于断点前后三个子样本（有两个断点）建立的估计 VAR 模型中内生变量（尤其是短期利率）的脉冲响应函数（尤其是对实际 GDP 增长率和 GDP 平减指数的脉冲响应）来进行分析。第一个子样本：1992Q1—1997Q4（24 个样本个体）；第二个子样本：1998Q1—2002Q4（20 个样本个体）；第三个子样本：2003Q1—2009Q1（25 个样本个体）。重新估计各阶段的 VAR 模型时最优滞后期以及协整秩数均与未进行断点分析时的 VAR 模型保持一致。经过 Eviews6.0 自动调整，最后实际用到的三个子样本分别为：第一个子样本为 1992Q3—1998Q2，第二个子样本为 1998Q1—2002Q4；第三个子样本为 2003Q1—2009Q1。

图 5 -5A 显示了三个子样本中各内生变量对国内名义短期利率冲击的脉冲响应轨迹。由此发现各阶段国内名义短期利率冲击作用的相同点是短期内使得实际 GDP 增长率下降（除第一季度外），GDP 平减指数上升（除第一季度外），但最终都实现了货币中性；不同的是冲击效力持续时间和实体经济对冲击的响应轨迹。1992Q1—1997Q4 这一阶段国内名义短期利率的冲击作用较为明显地持续了 40 个季度左右；而 1998Q1—2002Q4 这一阶段冲击作用较为明显的不到 10 个季度左右，实体经济对国内名义短期利率的冲击反应不大；到 2003Q1—2009Q1 这一阶段时持续时间又加长到 50 个季度左右。1992Q1—1997Q4 这一阶段国内名义短期利率的冲击使得

经济增长放缓；但冲击使得物价水平上升背离了一般经济规律。前两阶段实体经济对国内名义短期利率冲击的响应曲线波动性不强，到第三阶段时出现明显的波动趋势，可推断实体经济对国内名义短期利率的冲击反应非常灵敏。但是第一阶段 GDP 平减指数的响应情况不符合一般经济理论，以及对比三个阶段的脉冲响应图，第二阶段冲击效力的持续时间与第一、第三阶段差距太大的问题，造成不能非常明显地看出这三个阶段货币政策传导整体效应变化有何规律性，也很难完全和金融市场发展联系起来。

鉴于采用名义利率模型在阶段对比分析中出现的问题，考虑在采用 1992Q1—2009Q1 数据估计利率变量为实际值的基准 VAR 模型时，出现的不稳定情况有可能由金融市场发展引起的货币政策传导机制影响而导致，因此在此还是对实际利率变量的基准 VAR 模型进行断点分析，结果发现有两个较为显著的断点，为 1998Q1 和 2003Q1，与采用名义值时差距不大。

图 5 - 5B 显示了三个子样本中各内生变量对国内实际短期利率冲击的脉冲响应轨迹，很明显可以看出国内实际短期利率的冲击随阶段推移效力具有越来越强的发展趋势。与此同时，第一阶段 GDP 平减指数对国内实际短期利率冲击的响应也只是在第一季度时上升，出现违背经济规律的现象，而随后基本就处于中性状态了。依然出现利率冲击使得 GDP 平减指数上升可能是由于我国一直到 1996 年 6 月银行间同业拆借市场利率管制才开始撤销引起的，在利率没有市场化的情况下，其冲击对物价的影响应该不大。另外，从冲击效力持续时间角度看，第二阶段冲击效力持续时间也没有出现采用名义利率模型时的突然变得很短的难以解释的情况，而表现为随着时间发展，冲击效力持续时间在不断增加。从实体经济对国内实际短期利率的响

应轨迹看，三个阶段均呈现出一种波动性趋势，只是随着阶段的推移，波动的剧烈程度越来越强。在这样的情况下，对比三个阶段的脉冲响应图，就可以明显看出这三个阶段货币政策传导整体效应的变化，即国内实际短期利率对经济增长和物价水平的冲击影响持续时间越来越长，冲击的灵敏性也越来越强。伴随着我国银行间拆借市场和债券市场的不断完善，金融市场利率自由化的不断深入，国内实际短期利率对经济增长和物价水平的冲击逐渐开始符合一般经济规律，冲击影响也越来越大。由此也可以明显地看出我国金融市场的发展变化确实对货币政策传导机制存在着深远的影响。

由上述分析也大致可以看出，在分阶段分析时，按照实际利率估计的 VAR 模型的脉冲响应曲线变化更符合现实情况。

由于图 5 -5 中各个子样本脉冲响应图 Y 轴上的函数值刻度不一，不好比较不同时期的货币政策冲击的具体变化。本书重新整理实际短期利率脉冲响应曲线图 5 -6 和图 5 -7，分别刻画不同时期货币政策冲击对实际 GDP 增长率和 GDP 平减指数的不同影响。通过比较可以发现，2003 年后国内短期利率对实际 GDP 增长率和 GDP 平减指数的冲击速度更快，冲击力度也更强 (由图估计增大了 2 倍左右)，且不管采用名义利率还是实际利率都是如此。这应该是随着我国金融自由化的不断深入、持续进行金融产品和金融技术创新以及金融整合的不断发展，我国金融市场进一步深化的结果。另外还可以看出，短期利率的冲击效果也越来越明显，从第二个时期和第三个时期的波动强烈程度中就可以比较出来。

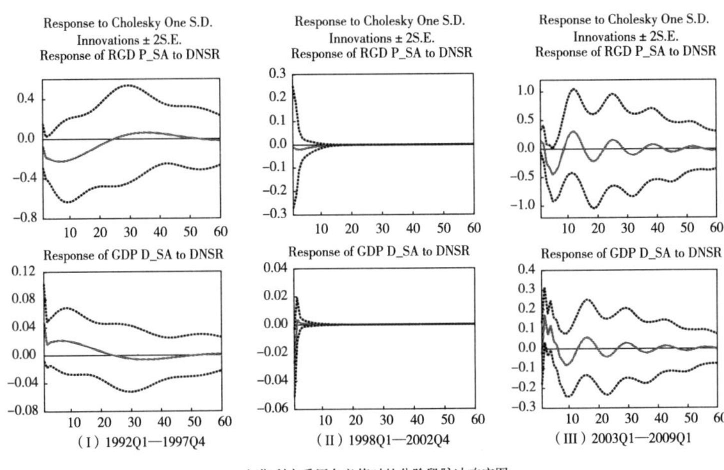

A.短期利率采用名义值时的分阶段脉冲响应图

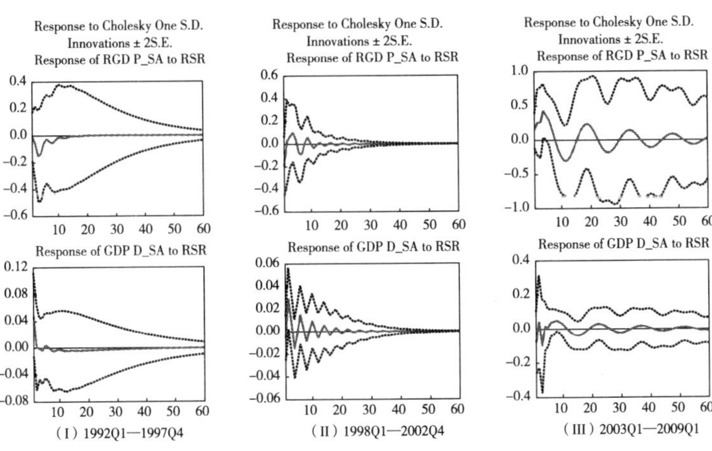

B.短期利率采用实际值时的分阶段脉冲响应图

图5－5　各子样本短期利率冲击的脉冲响应图

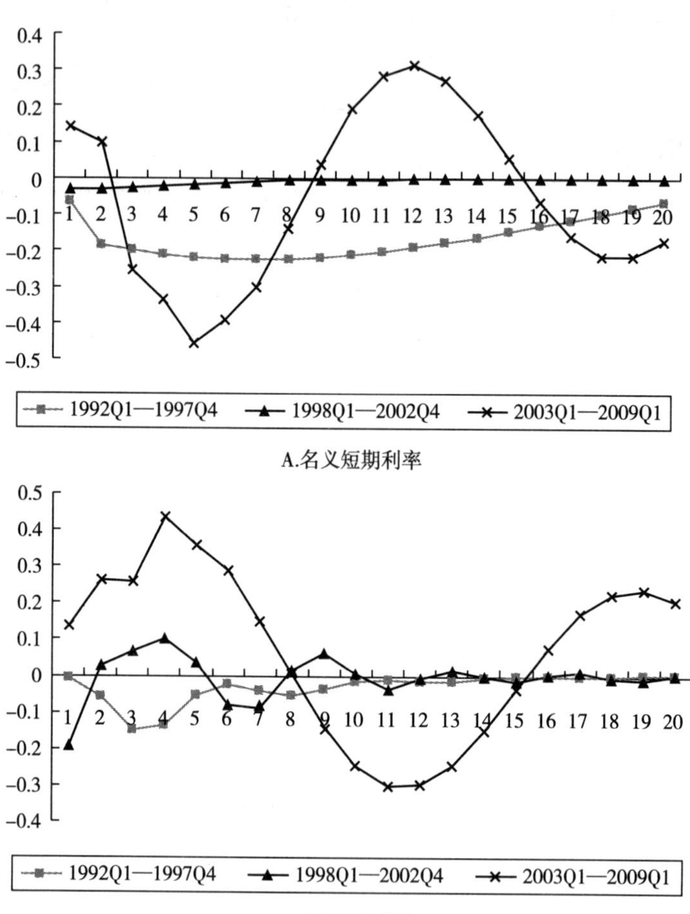

图 5-6　各子样本实际 GDP 增长率对短期利率冲击的脉冲响应图

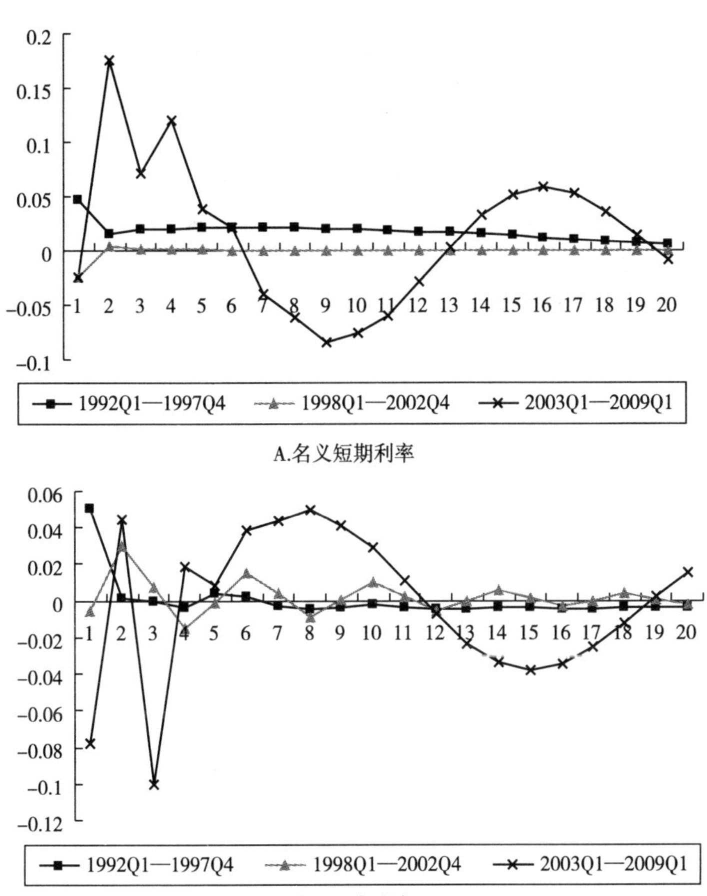

A.名义短期利率

B.实际短期利率

图 5－7　各子样本 GDP 平减指数对短期利率冲击的脉冲响应图

5.3 利率渠道 VAR 模型及脉冲响应分析

为了评估金融市场变化影响政策利率变化传导到银行市场利率和其他市场利率的重要性，本书估计了我国货币政策传导利率渠道的 VAR 模型。

5.3.1 VAR 模型基本结构及其变量选择分析

（1）模型基本结构

本书假设货币政策利率传导渠道的 VAR 基准模型矩阵形式为

$$y_t = k + A(L)y_{t-1} + u_t \qquad (5-3-1)$$

其中，y_t 表示内生变量向量；k 表示常数向量；u_t 表示序列不相关的误差扰动向量，满足零均值条件和同方差矩阵条件；A 是系数矩阵；L 是滞后算子。

在 VAR 基准模型中，内生变量向量 y_t 包含六个变量：实际 GDP 增长率（RGDP，Real Gdp）、GDP 平减指数（GDPD，Gdp Deflator）、实际中长期负债利率（RLDR，Real Mid – Long Term Debt Rate）、实际长期贷款利率（RLLR，Real Long Term Loan Rate）、实际短期利率（RSR，Real Short – Term Rate）、货币供应量 M_2 增长率。即

$$y_t' = (RGDP_t \quad GDPD_t \quad RLDR_t \quad RLLR_t \quad RSR_t \quad M_{2t}) \qquad (5-3-2)$$

（2）变量选择分析

由于本部分是分析货币政策传导利率渠道的效应，因此首先要保证所选择的变量能够体现出利率渠道的作用机制。

本书第 2 章中分析认为利率渠道的作用机制如下：①$M\uparrow\rightarrow i_r\downarrow\rightarrow I\uparrow\rightarrow Y\uparrow$；②$M\uparrow\rightarrow P^e\downarrow\rightarrow\pi^e\uparrow\rightarrow i_r\downarrow\rightarrow I\uparrow\rightarrow Y\uparrow$。这里涉及四个方面的指标：一是货币供应量；二是通货膨胀；三是市场实际利率；四是实体经济。

货币供应量指标的选取：按照我国对货币供应量的定义，货币应包括本币的相关项目。其中：M_0 = 流通中现金，M_1 = M_0 + 活期存款，M_2 = M_1 + 准货币（定期存款 + 储蓄存款 + 其他存款），三个层次的货币供应量指标各有侧重，代表不同的经济意义。自 1994 年第三季度起，中国人民银行开始逐季公布不同层次的货币供应量指标，标志着我国开始向利用货币供应量充当中介目标过渡。1996 年我国正式将货币供应量 M_1 作为货币政策中介目标，同时将 M_0、M_2 作为观测目标，但随着金融市场的不断发展，M_1 越来越呈现出可控性不足的缺陷，而 M_2 的可控性则相对较强，因此目前更多倾向于用 M_2 代替 M_1 作为货币政策中介目标，让 M_1 成为观测目标。鉴于此，本书选择 M_2 作为货币供应量指标的代表进行分析。

通货膨胀指标的选取：这里必须要明确的是本书通货膨胀指标的选取主要是为了将市场名义利率转化为市场实际利率，而在具体的模型中并不涉及。这是由于利率传导机制的一个重要特点是强调实际利率而非名义利率影响消费者和企业的投资决定（见本书 2.2.2）。通货膨胀率是货币超发部分与实际需要的货币量之比，用于反映通货膨胀、货币贬值的程度；在实际中，一般不直接、也不可能计算通货膨胀，而是通过价格指数的增长率来间接表示。由于消费者价格是反映商品经过流通各环节形成的最终价格，它最全面地反映了商品流通对货币的需要量，因此，消费者价格指数是最能充分、全面反映通货膨胀率的价格指数。目前，世界各国基本上均用消费者价格指数（我国称居民消费价格指数），即 CPI 来反映通货膨胀的程度。

市场实际利率指标的选取：在统计数据中，一般给出的都是名义利率值，因此需要根据当期的通货膨胀率进行调整。因此首先要确定市场名义利率指标，然后利用市场实际利率=市场名义利率-通货膨胀率公式进行计算。需要说明的是，利率渠道货币政策传导过程中，货币供应量变动首先是引起市场短期利率的改变，进而逐渐扩展到市场中长期利率的改变。因此在实际利率指标的选择中，需要同时具备短期利率和中长期利率。货币市场利率是整个利率体系的形成基础，它可作为中央银行制定基准利率的价格信号和参照系数。在发达的市场经济国家，国债利率是金融市场的基础利率。我国国债市场经过改革，发行机制逐步走向市场化，二级市场得到一定的发展，但由于总体规模尚小，因此还不足以引导市场利率。而我国同业拆借市场从1984年建立以后，得到了长足的发展，能够迅速反映货币市场的资金供求状况，因此同业拆借利率可以作为货币市场的市场利率的代理变量。其中7天期拆借利率的统计较为完整，使用较为普遍，最具代表性，因此我们选取同业拆借市场上7天期拆借利率的平均值作为其短期利率的代表。而市场中的中长期利率（主要是国债利率和存、贷款利率）受到一定程度的管制（下限管制），因而是一种非完全市场化的利率，但是国家对其的限制能够使它们在一定程度上代表当期我国的中长期市场利率水平。我国自1981年恢复发行国债以来，已有20多年，国债期限大多以3—5年期的债券为主，10年期的国债从1996年起才开始发行。另外，国家对存款和贷款利率的调整几乎是同步的，因此在存、贷款利率中仅选择一项即可。综合以上因素，同时鉴于数据的完整性，在本文利率渠道VAR模型中选取5年期凭证式国债利率和五年以上贷款利率的实际值作为中长期债券利率和长期贷款利率的代理变量。

实体经济指标的选取同整体效应VAR模型。

（3）数据范围及说明

由于货币市场和资本市场反应迅速，根据一般规则，选用季度数据进行计算。同时基于数据完整性，本书选择 1992 年第一季度至2009 年第一季度共69 个季度样本个体的数据估计利率渠道的 VAR 模型。

实际 GDP 增长率和 GDP 平减指数同整体效应 VAR 模型。

货币供应量 M_2 同比增长率：1996Q1—2008Q4 的数据来源于锐思金融研究数据库；2009Q1 的数据来源于国家发展研究中心。1996 年以前没有 M_2 的季度同比数据统计，本文通过 M_1 加上各项存款后，再计算得到 1993—1996 年的季度同比数据，在此基础上结合 1991 年和 1992 年同比数据，通过插值法计算得到 1992 年的季度同比数据。

实际短期利率：1992Q1—2009Q1 的银行间 7 天加权平均拆借利率是由中国人民银行月度数据加权计算得到名义短期利率，再去除通货膨胀率（名义值 - 通货膨胀率）得到实际短期利率。

实际长期债券利率：1992Q1—1995Q2 的五年期凭证式国债名义利率数据来源于国研网文章《存款利率与国债利率关系》；1996Q1—2001Q4 的五年期凭证式国债名义利率数据来源于国研网统计数据；2002Q1—2009Q1 的五年期凭证式国债名义利率数据来源于中国国债协会统计数据。需要说明的是，我国五年期凭证式国债的发行在近几年才比较稳定，基本每个季度都会有发行，但我国在 2002 年之前并不是每个季度都有五年期凭证式国债。因此 2002 年之前的数据中如果当季没有国债发行的，短期利率就沿用上一季度的数值。最后，将各样本个体数据去除通货膨胀率（名义值 - 通货膨胀率）得到实际长期债券利率。

实际长期贷款利率：1992Q1—2009Q1 的五年以上贷款名义利率来源于国研网统计数据，再去除通货膨胀率（名义值 - 通货膨胀率）得到实际长期贷款利率。

利率性质的变量均采用原始数据；GDP 平减指数采用季节调整后的数据；货币供应量 M_2 增长率和实际 GDP 增长率均采用季节调整后的同比数据。

5.3.2 VAR 模型构建过程

模型构建的过程同整体效应模型，不再详述。结果如下：

序列平稳性：M_2_ SA、RLDR、RLLR、RSR、GDPD_ SA 和 RGDP_ SA 均为 1 阶单整序列。

最优滞后期：RGDP_ SA、GDPD_ SA、RLLR、RLDR、RSR 和 M_2_ SA 六个序列的无约束 VAR 模型最优滞后期根据 SC 准则确定为 1，Granger 因果关系检验和 Johansen 协整检验均将其作为最优滞后期进行检验。

Johansen 协整检验结果显示存在一个协整向量，因此在估计 VAR 模型时选择有约束的 VEC 模型形式，存在一个误差修正项。

在 10% 显著性水平下存在的 Granger 因果关系如下：GDPD_ SAD → RGDP_ SAD；M_2_ SAD → RGDP_ SAD；RLLR_ D → RLDR_ D；RLLR_ D → RSR_ D；RSR_ D → RLDR_ D。如图 5 -8 所示。

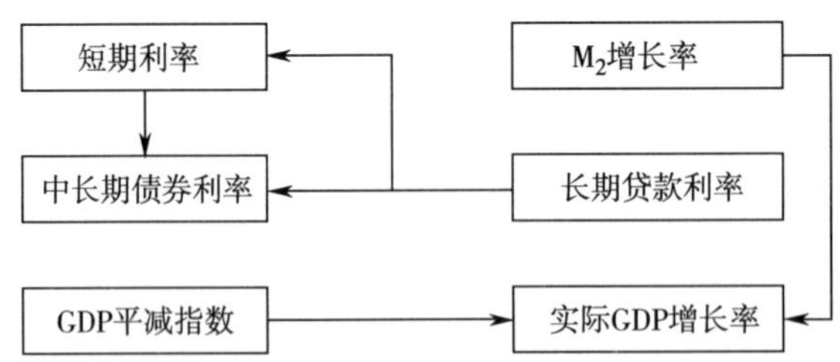

图 5 -8 利率渠道 VAR 模型变量间 Granger 因果关系

模型估计结果如表 5 -10 所示。

表 5－10 利率渠道 VAR 模型估计

Vector Error Correction Estimates

Date：08/06/09 Time：08:30

Sample（adjusted）：1992Q3 2009Q1

Included observations：67 after adjustments

Standard errors in ( ) & t－statistics in [ ]

Cointegrating Eq：	CointEq1
RGDP_ SA（－1）	1.000000
GDPD_ SA（－1）	－5.041351
	(0.94642)
	[－5.32677]
RLLR（－1）	1.437593
	(0.48201)
	[2.98247]
RLDR（－1）	－0.987838
	(0.27947)
	[－3.53472]
RSR（－1）	－0.178168

续表

	(0.42523)					
	[-0.41900]					
M2_ SA (-1)	-0.028703					
	(0.08366)					
	[-0.34309]					
C	-3.637774					
Error Correction:	D (RGDP_ SA)	D (GDPD_ SA)	D (RLLR)	D (RLDR)	D (RSR)	D (M2_ SA)
CointEq1	0.093446	0.021973	-0.580721	-0.336835	-0.523314	-0.133189
	(0.04397)	(0.02460)	(0.09529)	(0.10682)	(0.09597)	(0.15120)
	[2.12504]	[0.89327]	[-6.09439]	[-3.15325]	[-5.45282]	[-0.88087]
D (RGDP_ SA (-1))	0.196970	0.041488	0.860877	0.485795	0.810944	-0.040980
	(0.14876)	(0.08321)	(0.32235)	(0.36137)	(0.32466)	(0.51150)
	[1.32409]	[0.49856]	[2.67063]	[1.34432]	[2.49781]	[-0.08012]
D (GDPD_ SA (-1))	-0.834532	-0.681916	-1.725900	-0.923212	-1.599666	0.010121
	(0.26934)	(0.15067)	(0.58364)	(0.65428)	(0.58782)	(0.92611)
	[-3.09845]	[-4.52600]	[-2.95714]	[-1.41103]	[-2.72134]	[0.01093]
D (RLLR (-1))	-0.008729	-0.021429	0.432660	0.481439	0.717565	0.326261

续表

Error Correction:	D (RGDP_ SA)	D (GDPD_ SA)	D (RLLR)	D (RLDR)	D (RSR)	D (M2_ SA)
	(0.15021)	(0.08403)	(0.32550)	(0.36490)	(0.32783)	(0.51650)
	[-0.05811]	[-0.25503]	[1.32922]	[1.31938]	[2.18881]	[0.63168]
D (RLDR (-1))	0.042883	0.027746	-0.068533	-0.349034	-0.267515	-0.346383
	(0.09048)	(0.05062)	(0.19607)	(0.21981)	(0.19748)	(0.31113)
	[0.47392]	[0.54816]	[-0.34953]	[-1.58793]	[-1.35465]	[-1.11332]
D (RSR (-1))	0.002013	0.008950	-0.064651	0.188231	-0.145733	0.010736
	(0.17108)	(0.09570)	(0.37072)	(0.41559)	(0.37338)	(0.58826)
	[0.01177]	[0.09352]	[-0.17439]	[0.45292]	[-0.39031]	[0.01825]
D (M2_ SA (-1))	0.079273	-0.002239	-0.185149	-0.067427	-0.127989	0.167960
	(0.04371)	(0.02445)	(0.09471)	(0.10617)	(0.09539)	(0.15028)
	[1.81378]	[-0.09159]	[-1.95496]	[-0.63508]	[-1.34179]	[1.11764]
C	-0.060118	0.043721	0.131483	0.064470	0.082158	-0.046793
	(0.08099)	(0.04530)	(0.17549)	(0.19673)	(0.17675)	(0.27847)
	[-0.74232]	[0.96507]	[0.74923]	[0.32770]	[0.46482]	[-0.16804]
R - squared	0.450305	0.502048	0.494415	0.302108	0.458743	0.063171
Adj. R - squared	0.385087	0.442969	0.434430	0.219307	0.394526	-0.047978

续表

Error Correction:	D（RGDP_ SA）	D（GDPD_ SA）	D（RLLR）	D（RLDR）	D（RSR）	D（M2_ SA）
Sum sq. resids	24. 45655	7. 652966	114. 8374	144. 3198	116. 4906	289. 1488
S. E. equation	0. 643831	0. 360155	1. 395133	1. 564001	1. 405139	2. 213781
F – statistic	6. 904605	8. 497900	8. 242361	3. 648611	7. 143651	0. 568344
Log likelihood	–61. 30777	–22. 38730	–113. 1195	–120. 7747	–113. 5983	–144. 0542
Akaike AIC	2. 068889	0. 907084	3. 615507	3. 844022	3. 629801	4. 538932
Schwarz SC	2. 332136	1. 170331	3. 878754	4. 107269	3. 893048	4. 802179
Mean dependent	–0. 113938	0. 020514	0. 024179	–0. 009701	–0. 019613	–0. 060591
S. D. dependent	0. 821041	0. 482558	1. 855122	1. 770096	1. 805809	2. 162512
Determinant resid covariance（dof adj.）	0. 087286					
Determinant resid covariance	0. 040701					
Log likelihood	–463. 1633					
Akaike information criterion	15. 43771					
Schwarz criterion	17. 21463					

由以上 VAR 模型可以分析出，误差修正项对实际 GDP 增长率、长期贷款利率、中长期债券利率以及短期利率均影响非常显著。实际 GDP 增长率对长期贷款利率和短期利率有显著的滞后影响。GDP 平减指数对实际 GDP 增长率、长期贷款利率以及短期利率有显著的滞后影响，即上一期的 GDP 平减指数对实际 GDP 增长率有滞后效应。另外，长期贷款利率对短期利率还存在一定的显著滞后影响，这看起来似乎与经济理论是相悖的，因为一般来说都是短期利率带动长期利率的变化，根据上文对整体效应 VAR 模型的分析，可推断这里可能是由于金融市场发生结构性转变导致的。最后，货币供应量 M_2 增长率对长期贷款利率有较为显著的滞后影响。

5.3.3 脉冲响应分析

从脉冲响应函数角度分析，按照货币政策的传导链条中各变量发生作用的先后顺序，脉冲响应函数的分解顺序依次为货币供应量 M_2 增长率、实际短期利率、实际长期贷款利率、实际中长期债券利率、GDP 平减指数、实际 GDP 增长率。结果如图 5－9 所示。

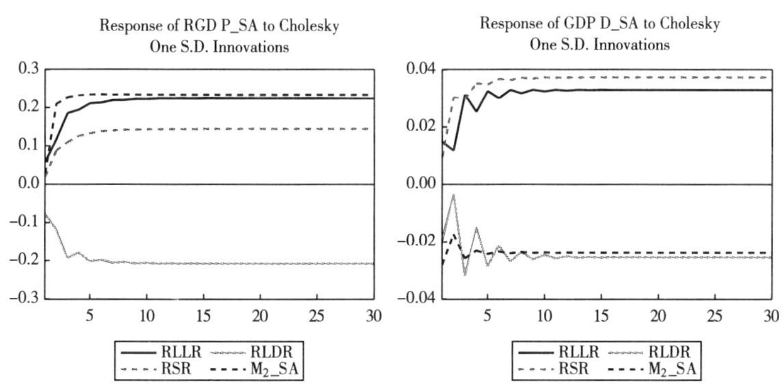

图 5－9 利率渠道各内生变量响应的脉冲响应图

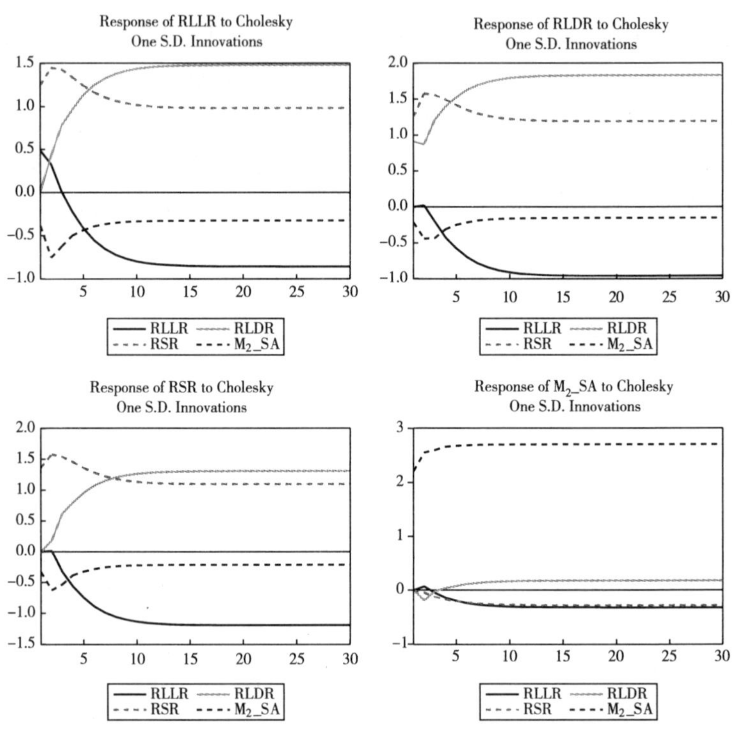

图 5－9　利率渠道各内生变量响应的脉冲响应图（续）

从图 5－9 中明显可以看出，货币供应量 M_2 增长率、实际短期利率、实际长期贷款利率、中长期债券利率对实际 GDP 增长率和 GDP 平减指数的冲击都非常迅速，强度也非常大，实际 GDP 增长率和 GDP 平减指数对冲击的反应都非常灵敏。对实际 GDP 增长率而言，M_2 增长率、长期贷款实际利率和短期实际利率对其的冲击影响持续时间最短，约为 4 个季度（1 年）；中长期债券实际利率对其的冲击影响持续时间长达 6—7 个季度。在 M_2 增长率、实际短期利率和实际长期贷款利率冲击下，实际 GDP 增长率总体上看是上升的，但在中长期债券利率的冲击下，实际 GDP 增长率总体上看在下降。最终实际 GDP 增长率实现了平稳，但没有恢复到原来的水平。对 GDP 平减指数而言，货币供应量 M_2 增长率和实际中长期债券利率的冲击都使得 GDP 平减指数下降，实际短期利率和实际长期贷款利率冲击使其上升。对长期贷款利率而言，短期实际利率冲击对其影响强度也较大，持续两个季度上升后冲击作用开始变小，直到第十二季度左右效力消失，保持平稳；中长期债券利率对其冲击影响持续时间较长（持续 11—12 个季度），且强度也较大；而货币供应量 M_2 增长率的冲击对其影响最小，自第一季度使其小幅下降，第二季度加速下降后，下降幅度变缓，在第七季度左右冲击作用就消失了。对中长期债券利率而言，各变量对其冲击作用与对长期贷款利率的冲击作用类似。对短期实际利率而言，其内生性较强；货币供应量 M_2 增长率对其的冲击影响微小；中长期债券利率和长期贷款利率对其冲击较大，且分别为正向和负向的效应。货币供应量 M_2 增长率内生性非常强，短期实际利率、长期贷款利率和中长期债券利率对其的冲击影响都不大，且持续时间短，基本都不到 3 个季度。

上述分析了每一个内生变量对其他内生变量冲击的反应情况，比较了各个内生变量对其冲击作用的速度和强度等情况。接下来从每一个内生变量的冲击作用角度，分析其冲击作用影响各内生变量的速度和强度，如图 5－10 所示。

从图 5－10 中可以看出货币供应量 M_2 增长率对其自身冲击影响最大，内生性非常强；对其他内生变量的影响较小，影响程度从大到小依次为：长期贷款利率、短期实际利率、中长期债券利率、实际 GDP 增长率、GDP 平减指数。短期实际利率对中长期债券利率、其自身及长期贷款利率的影响最大；对其他内生变量影响较小。中长期债券实际利率的冲击对其自身影响最大，其次为长期贷款实际利率、短期实际利率、实际 GDP 增

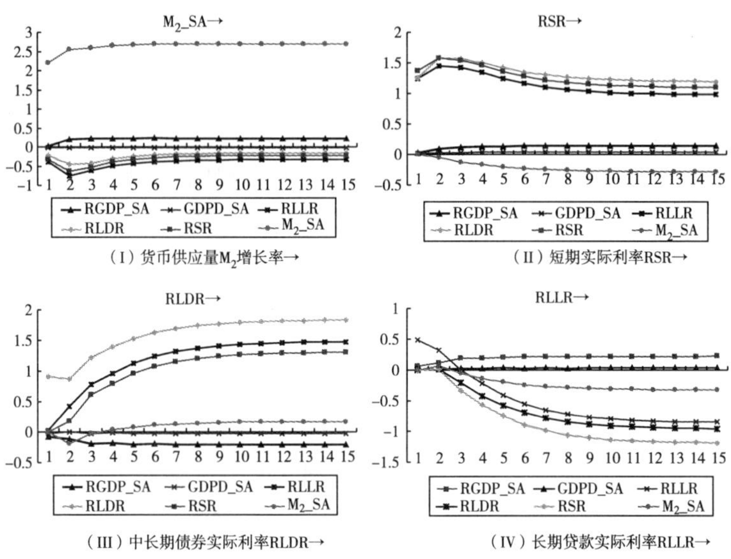

图 5－10　利率渠道各内生变量冲击的脉冲响应图

长率、M_2 增长率；对 GDP 平减指数基本不存在影响。长期贷款实际利率冲击对短期实际利率的影响最大，其次为中长期债券利率、其自身、M_2 增长率、实际 GDP 增长率、GDP 平减指数。

按照整体效应 VAR 模型的断点方式对利率渠道传导效应进行不同阶段的对比分析如图 5－11 所示。

图 5－11 中显示了各个子样本中货币供应量 M_2 增长率、短期利率、长期贷款利率和中长期债券利率对实际 GDP 增长率和 GDP 平减指数的冲击作用。

在 1992 年第一季度到 1997 年第四季度这一阶段，对实际 GDP 增长率而言，货币供应量 M_2 增长率、短期利率、长期贷款利率和中长期债券利率冲击对其的滞后影响都维持在第 5—7 季度。其中，M_2 增长率和短期利率冲击对经济增长速度影响强度最大。短期利率和中长期债券利率冲击从短期还是长期看都使

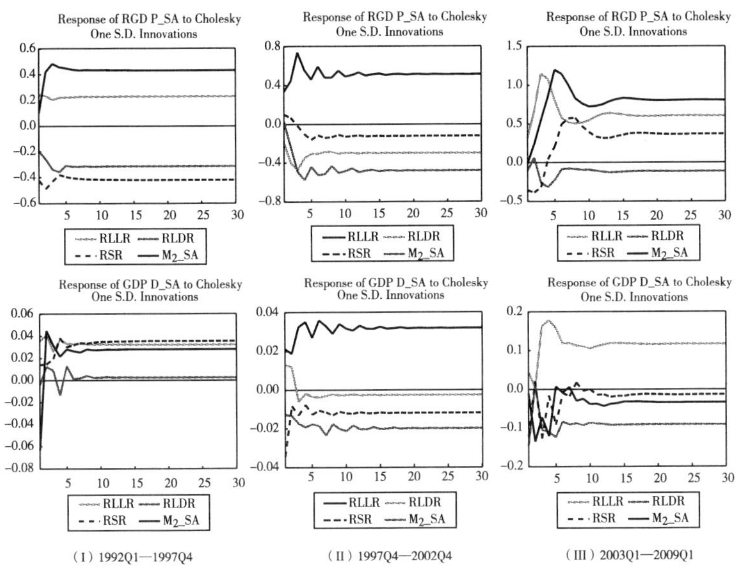

图 5－11　各子样本内生变量对实际 GDP 增长率和 GDP 平减指数的脉冲响应图

经济增长放缓；而 M_2 增长率和长期贷款利率冲击使经济增长加快。对 GDP 平减指数而言，短期利率冲击对其影响强度最大，其次为长期贷款利率、M_2 增长率，对中长期贷款利率的影响最小。长期看来，除中长期债券利率冲击影响保持货币中性外，其余冲击影响均提高了物价水平。另外，从即期影响看，M_2 增长率冲击使物价水平在第一季度下降，而后才提升了物价水平。

在 1997 年第四季度到 2002 年第四季度这一阶段，脉冲响应图看起来比上一阶段波动性更强、冲击作用持续时间也更长，约为 15 个季度。对实际 GDP 增长率而言，长期贷款利率和货币供应量 M_2 增长率的冲击对其影响最大，其次依次为中长期债券利率、短期利率。各内生变量对 GDP 平减指数的冲击作用强度次序也如此。从长期看，货币供应量 M_2 增长率、中长期债券利率和短期利率的冲击都使得实际 GDP 增长率在不断波动中呈现出总体水平下降的态势；而长期贷款利率的冲击都使得实际 GDP 增长率在不断波动中呈现出总体水平上升的态势。从短期影响看，冲击之后第一季度使得实际 GDP 增长率上升的内生变量有长期贷款利率、短期利率和货币供应量 M_2 增长率，而中长期债券利率冲击后第一季度就使得实际 GDP 增长率下降。对 GDP 平减指数而言，各内生变量对其冲击强度从大到小依次为：长期贷款利率、货币供应量 M_2 增长率、短期利率、中长期债券利率。从长期看，只有长期贷款利率冲击使其上升，而货币供应量 M_2 增长率、短期利率和中长期债券利率均使其下降。从短期影响看，冲击之后第 1—2 季度使得 GDP 平减指数上升的内生变量有长期贷款利率和中长期债券利率，而短期利率和货币供应量 M_2 增长率冲击后第 1—2 季度就使得 GDP 平减指数下降。

从 2003 年第一季度到 2009 年第一季度这一阶段，总体上看，各内生变量对实际 GDP 增长率和 GDP 平减指数的冲击作用持续时间比上一阶段稍长，大约能维持在 18 个季度，与上阶段相比波动幅度和波动周期均增大，即冲击作用增强。对实际 GDP 增长率而言，各内生变量对其冲击作用从大到小排列为：货币供应量 M_2 增长率、长期贷款利率、短期利率、中长期债券利率；长期看货币供应量 M_2 增长率、长期贷款利率和短期利率的冲击提高了实际 GDP 增长率水平，而中长期债券利率的冲击降低了实际 GDP 增长率水平。短期看冲击之后第一季度使得实际 GDP 增长率上升的内生变量只有中长期债券利率；而货币供应量 M_2 增长率冲击使第一季度经济增长放慢，但从第二季度开始就一直是加快经济增长的效应；短期利率冲击甚至在前 3 个季度都是减缓经济增长，从第四季度恢复到原来水平开始才逐渐加快了经济增长。另外中长期债券利率对实际 GDP 增长率的持续时间较短，只维持了5个季度左右。对GDP平减指数而言，各内生变量对其冲击作用从大到小排列为：长期贷款利率、中长期债券利率、货币供应量M_2增长率、短期利率；从长期看，长期贷款利率冲击大幅提高了GDP平减指数水平，而短期利率、货币供应量M_2增长率和中长期债券利率冲击小幅降低了GDP平减指数水平；从即期影响看也基本如此。

综合以上分析再结合图5－11，能够比较分析出在金融市场发展的不同阶段，利率渠道货币政策传导机制的货币政策效力持续时间长短、传导链中影响实体经济的主要变量、冲击发生的即期影响（短期影响）以及对实体经济发展的长期影响方向。

从货币政策效力持续时间角度看，随着时间推进，金融市场发展，利率渠道货币政策冲击的持续时间越来越长。第一阶段1992Q1—1997Q4货币政策效力持续时间大体上在5—7个季度；第二阶段1997Q4—2002Q4持续10—15个季度；最后一阶段2003Q1—2009Q1持续13—18个季度。

从传导链中影响实体经济的主要变量角度看，针对经济增长，1992Q1—1997Q4中M_2增长率和短期利率的冲击影响最大；1997Q4—2002Q4期间长期贷款利率和M_2增长率的影响最大；2003Q1—2009Q1期间M_2增长率的冲击影响最大、其次为长期贷款利率。针对物价水平，1992Q1—1997Q4短期利率冲击影响最大；1997Q4—2002Q4长期贷款利率的冲击影响最大，M_2增长率其次；2003Q1—2009Q1期间长期贷款利率的冲击影响最大，中长期债券利率其次。由此可以得出结论，影响经济增长的主要变量由M_2增长率和短期利率逐渐转移到M_2增长率和长期贷款利率；影响物价水平的主要变量由短期利率逐渐转移到长期贷款利率。

从冲击发生的即期影响角度看，针对经济增长，1992Q1—1997Q4货币供应量M_2增长率和长期贷款利率冲击使其加速，短期利率和中长期债券利率使其减速；1997Q4—2002Q4 和 2003Q1—2009Q1 长期贷款利率冲击使其加速，而货币供应量 M_2 增长率、中长期债券利率和短期利率冲击使其减速。针对物价水平，1992Q1—1997Q4 短期利率和长期贷款利率冲击使其上升，货币供应量 M_2 增长率和中长期债券利率冲击使其下降；1997Q4—2002Q4 长期贷款利率和中长期债券利率冲击使其上升，货币供应量 M_2 增长率和短期利率冲击使其下降；2003Q1—2009Q1 长期贷款利率冲击使其上升，货币供应量 M_2 增长率、短期利率和中长期债券利率冲击使其下降。

从对实体经济发展的长期影响方向角度看，针对经济增长，1992Q1—1997Q4 货币供应量 M_2 增长率和长期贷款利率使其加速，而短期利率和中长期债券利率冲击均使其减速；1997Q4—2002Q4 长期贷款利率冲击使其加速，货币供应量 M_2 增长率、中长期债券利率和短期利率冲击使其减速；2003Q1—2009Q1 货币供应量 M_2 增长率、短期利率、长期贷款利率冲击均使其加速，而中长期债券利率冲击均使其减速。针对物价水平，1992Q1—1997Q4 长期贷款利率、货币供应量 M_2 增长率和短期利率冲击使其上升，而中长期债券利率冲击均使其在基本保持原有水平的情况下有些许的上调；1997Q4—2002Q4 和 2003Q1—2009Q1 长期贷款利率冲击使其上升，而货币供应量 M_2 增长率、短期利率和中长期债券利率冲击均使其下降。

归纳起来，长期贷款利率对实体经济的冲击影响不论从短期还是长期来看都是正向的；中长期债券利率对经济增长的冲击影响不论从短期还是长期来看都是负向的。

但是由于图 5－11 中各个阶段在不同刻度的图中，因此不能比较出相同内生变量在不同金融市场发展阶段对实体经济冲击强度的不同。因此本书重新整理图 5－12 和图 5－13，以帮助分析比较相同内生变量在不同金融市场发展阶段对实体经济冲击强度的不同。

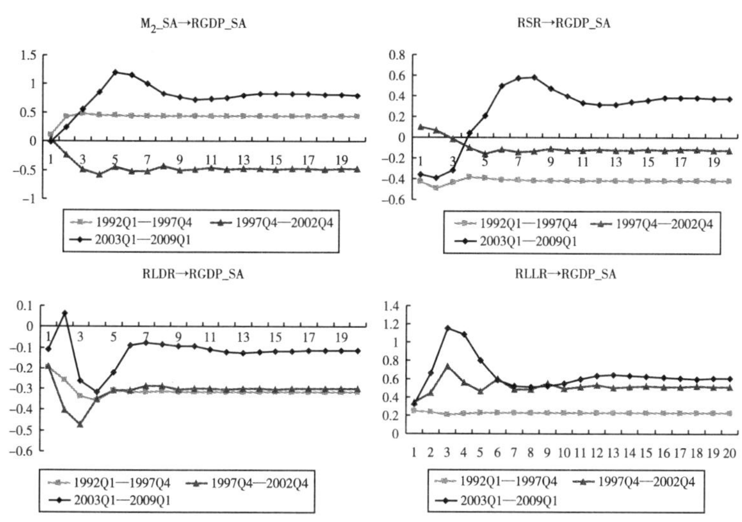

图 5-12　各子样本实际 GDP 增长率对内生变量冲击的脉冲响应图

对实际 GDP 增长率而言，各阶段货币供应量 M_2 增长率的冲击效力（即冲击强度）大小从短期看依次为：1992Q1—1997Q4、2003Q1—2009Q1、1997Q4—2002Q4；从长期看依次为：2003Q1—2009Q1、1997Q4—2002Q4、1992Q1—1997Q4。短期利率的短期和长期冲击效力大小依次均为：1992Q1—1997Q4、2003Q1—2009Q1、1997Q4—2002Q4。中长期债券利率的冲击效力无论从即期还是长期看从大到小依次为：1997Q4—2002Q4、1992Q1—1997Q4、2003Q1—2009Q1。长期贷款利率的冲击效力无论从短期还是长期看从大到小依次为：2003Q1—2009Q1、1997Q4—2002Q4、1992Q1—1997Q4。总体而言，货币供应量 M_2 增长率的长期冲击效力和长期贷款利率的冲击效力在持续增强；货币供应量 M_2 增长率的短期冲击效力和短期利率的短期冲击效力在第二阶段即 1997Q4—2002Q4 最弱，在第三阶段即

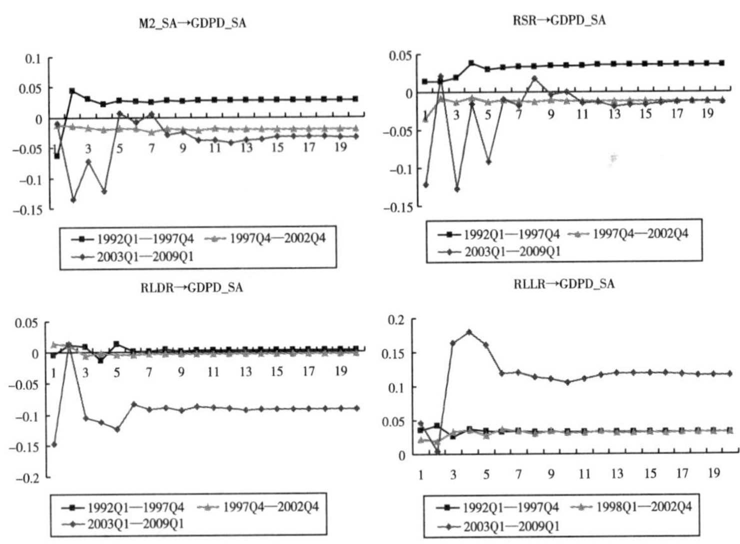

图 5－13　各子样本 GDP 平减指数对内生变量冲击的脉冲响应图

2003Q1—2009Q1 有所提高。中长期债券利率的冲击效力在第三阶段 2003Q1—2009Q 时最弱，在第二阶段 1997Q4—2002Q4 时最强。

对 GDP 平减指数而言，各阶段货币供应量 M_2 增长率的短期和长期冲击效力从大到小依次为：2003Q1—2009Q1、1992Q1—1997Q4、1997Q4—2002Q4。短期利率的短期冲击效力从大到小依次为：2003Q1—2009Q1、1997Q4—2002Q4、1992Q1—1997Q4，长期冲击效力从大到小依次为：1992Q1—1997Q4、2003Q1—2009Q1、1997Q4—2002Q4。中长期债券利率的短期和长期冲击效力从大到小依次都为：2003Q1—2009Q1、1997Q4—2002Q4、1992Q1—1997Q4。长期贷款利率的短期和长期冲击效力从大到小依次均为：2003Q1—2009Q1、1992Q1—1997Q4、1997Q4—2002Q4。总体来说，短期利率的短期冲击效力和中长期债券利率的冲击效力在持续增强；货币供应量 M_2 增长率的冲击效力和长期贷款利率的冲击效力都是在第三阶段 2003Q1—2009Q1 达到最高，而在第二阶段 1997Q4—2002Q4 时最低；而短期利率的长期冲击效力在第一阶段时最高，第二阶段时最低。

5.4 信贷渠道 VAR 模型及脉冲响应分析

为了评估金融市场变化影响信贷渠道货币政策传导的重要性，本书集中于传统的银行信贷渠道，估计了我国货币政策传导银行信贷渠道的 VAR 模型。

5.4.1 VAR 模型基本结构及其变量选择分析

（1）模型基本结构

本书假设货币政策信贷传导渠道的 VAR 基准模型矩阵形式为

$$y_t = k + A(L)y_{t-1} + u_t \qquad (5-4-1)$$

其中，y_t 表示内生变量向量；k 表示常数向量；u_t 表示序列不相关的误差扰动向量，满足零均值条件和同方差矩阵条件；A 是系数矩阵；L 是滞后算子。

在 VAR 基准模型中，内生变量向量 y_t 包含四个变量：实际 GDP 增长率（RGDP，Real Gdp）、GDP 平减指数（GDPD，Gdp Deflator）、各项贷款增长率（LOAN）、货币供应量 M_2 增长率。即

$$y_t' = (RGDP_t \quad \mathrm{GDPD_t} \quad \mathrm{LOAN_t} \quad \mathrm{M}_{2t}) \qquad (5-4-2)$$

（2）变量选择分析

变量的选择对实证结果具有重要意义。一方面遗漏重要变量，会影响估计结果的稳健性（Robustness），另一方面，VAR方法待估参数较多，对数据要求较大，两者之间需要进行权衡。由于本部分是分析货币政策传导信贷渠道的效应，因此首先要保证所选择的变量能够体现出信贷渠道的作用机制。本书第2章中分析认为信贷渠道的作用机制如下：M↑→存款↑→贷款↑→I↑→Y。这里涉及三个方面的指标，即货币供应量、银行信贷和实体经济。

货币供应量指标和实体经济指标的选取同利率渠道，分别为 M_2 增长率、GDP平减指数和实际GDP增长率。银行信贷指标选取金融机构各项贷款增长率，这是由于目前金融市场银行信贷主要指贷款。

（3）数据范围及说明

由于货币市场和资本市场反应迅速，因此根据一般规则，选用季度数据进行计算。同时基于数据完整性，本书选择1992年第一季度至2009年第一季度共69个季度的各变量数据估计VAR模型。

货币供应量 M_2 增长率、实际GDP增长率和GDP平减指数同利率渠道。

各项贷款增长率采用人民币贷款增长率同比数据，1992Q1—2008Q4数据来源于锐思金融研究数据库，2009Q1数据来源于中国人民银行网站。

5.4.2 VAR模型构建过程

模型构建的过程同整体效应模型，不再详述。结果如下：

序列平稳性：LOAN_ SA为平稳序列；M_2_ SA、GDPD_ SA和RGDP_ SA均为1阶单整序列。

最优滞后期：RGDP_ SA、GDPD_ SA、LOAN_ LN和 M_2_

SA 四个序列的无约束 VAR 模型最优滞后期根据 SC 和 LR 准则确定为 1。

Johansen 协整检验的最优滞后期根据无约束 VAR 模型最优滞后期确定为 1。迹检验和最大特征根检验结果都显示不存在协整向量，因此在估计 VAR 模型时仍然选择无约束的 VAR 模型形式。

Granger 因果关系检验最优滞后期根据无约束 VAR 模型最优滞后期确定为 1。结果在 10% 显著水平下存在的 Granger 因果关系为：GDPD_ SAD→RGDP_ SAD；M_2_ SAD→RGDP_ SAD。从整体看，结果如图 5－14 所示。

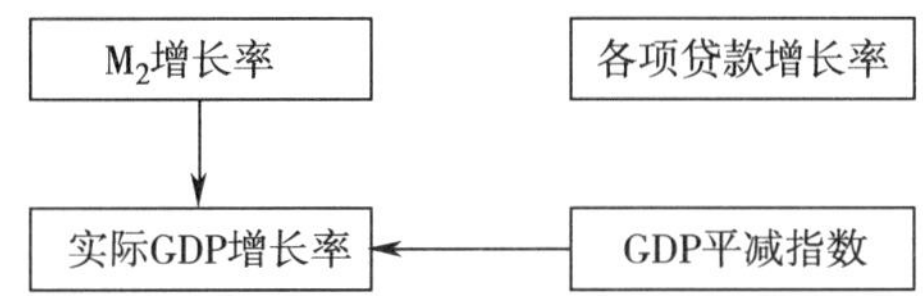

图 5－14　信贷渠道 VAR 模型变量间 Granger 因果关系

模型估计结果如表 5－11 所示。

表 5－11　信贷渠道 VAR 模型估计

Vector Autoregression Estimates

Sample（adjusted）：1992Q2 2009Q1

Included observations：68 after adjustments

Standard errors in（）& t－statistics in［］

	RGDP_ SA	GDPD_ SA	LOAN_ SA	M_2_ SA
RGDP_ SA（－1）	0.985534	0.009714	－0.241348	0.100022
	(0.05257)	(0.02986)	(0.29041)	(0.15676)
	[18.7457]	[0.32534]	[－0.83106]	[0.63805]
GDPD_ SA（－1）	－0.951621	0.373010	1.730665	0.194530
	(0.21382)	(0.12144)	(1.18112)	(0.63757)
	[－4.45051]	[3.07152]	[1.46527]	[0.30511]

续表

LOAN_ SA（-1）	0.005369	-0.001148	0.759025	0.020880
	(0.01689)	(0.00959)	(0.09331)	(0.05037)
	[0.31781]	[-0.11966]	[8.13435]	[0.41455]
M2_ SA（-1）	-0.047759	-0.020832	0.271803	0.896629
	(0.02801)	(0.01591)	(0.15472)	(0.08352)
	[-1.70510]	[-1.30951]	[1.75673]	[10.7358]
C	2.560540	1.455888	-1.677674	0.291691
	(0.62366)	(0.35421)	(3.44502)	(1.85961)
	[4.10564]	[4.11021]	[-0.48699]	[0.15686]
R-squared	0.898467	0.304715	0.767615	0.883486
Adj. R-squared	0.892021	0.260570	0.752861	0.876088
Sum sq. resids	33.12470	10.68512	1010.728	294.5065
S. E. equation	0.725113	0.411831	4.005409	2.162107
F-statistic	139.3726	6.902574	52.02549	119.4269
Log likelihood	-72.03405	-33.56553	-188.2510	-146.3248
Akaike AIC	2.265707	1.134280	5.683854	4.450729
Schwarz SC	2.428906	1.297479	5.847053	4.613928
Mean dependent	10.05331	1.765535	18.29556	20.02826
S. D. dependent	2.206662	0.478929	8.057045	6.142159
Determinant resid covariance (dof adj.)		4.086732		
Determinant resid covariance		3.010944		
Log likelihood		-423.4279		
Akaike information criterion		13.04200		
Schwarz criterion		13.69479		

由以上VAR模型可以分析出，GDP平减指数对实际GDP增长率有显著的滞后影响，即上一期的GDP平减指数对实际GDP

增长率有滞后效应；货币供应量 M_2 增长率对实际 GDP 增长率和各项贷款增长率均有显著的滞后效应。

5.4.3 脉冲响应分析

从脉冲响应函数角度分析，按照货币政策的传导链条中各变量发生作用的先后顺序，脉冲响应函数的分解顺序依次为货币供应量 M_2 增长率、各项贷款增长率、GDP 平减指数、实际 GDP 增长率。结果如图 5－15 所示。

从图 5－15 中明显可以看出，货币供应量 M_2 增长率对实际 GDP 增长率和 GDP 平减指数的冲击都非常迅速，强度也非常大，冲击效应持续时间很长。各项贷款增长率对实际 GDP 增长率的冲击也非常迅速，强度也比较大，冲击效应持续时间超过 50 个季度。相比较而言，应对各项贷款增长率的冲击，GDP 平减指数的反应比实际 GDP 增长率较弱。对实际 GDP 增长率而言，对各变量冲击的响应强度从大到小依次为：货币供应量 M_2 增长率、各项贷款增长率；不管从长期还是短期看，在货币供应量 M_2 增长率冲击下实际 GDP 增长率水平都是下降的，在各项贷款增长率的冲击下，实际 GDP 增长率水平都是上升的，最终实际 GDP 增长率都实现了平稳，恢复到原来的水平，符合货币长期中性理论。对 GDP 平减指数而言，对各变量冲击的响应强度从大到小依次为：货币供应量 M_2 增长率、各项贷款增长率；从长期看来，货币供应量 M_2 增长率和各项贷款增长率的冲击都使物价水平下降；而各项贷款增长率冲击从短期看使物价水平在第 1—2 季度上升。对各项贷款增长率而言，其自身有较强的内生性，货币供应量 M_2 增长率对其也有较大的冲击影响，冲击效应基本都能持续 45 个季度，而且冲击作用都是使其总水平提高。对货币供应量 M_2 增长率而言，其内生性也非常强，冲击影响大概维持 45 个季度；各项贷款增长率对其的冲击影响效

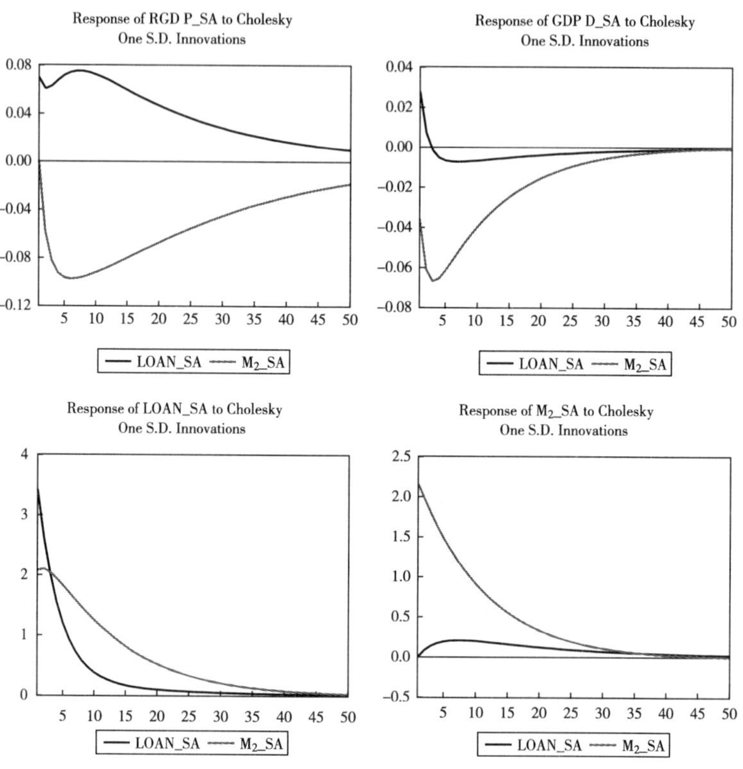

图 5－15　信贷渠道各内生变量响应的脉冲响应图

应较小。

上述分析了每一个内生变量对其他内生变量冲击的反应情况，比较了各个内生变量对其冲击作用的速度和强度等情况。接下来从每一个内生变量的冲击作用角度，分析其冲击作用影响各内生变量的速度和强度，如图 5－16 所示。

从图 5－16 中可以看出货币供应量 M_2 增长率的冲击对各项贷款增长率影响程度最大，其次为其自身、实际 GDP 增长率，对 GDP 平减指数影响相对较小。各项贷款增长率的冲击对内生

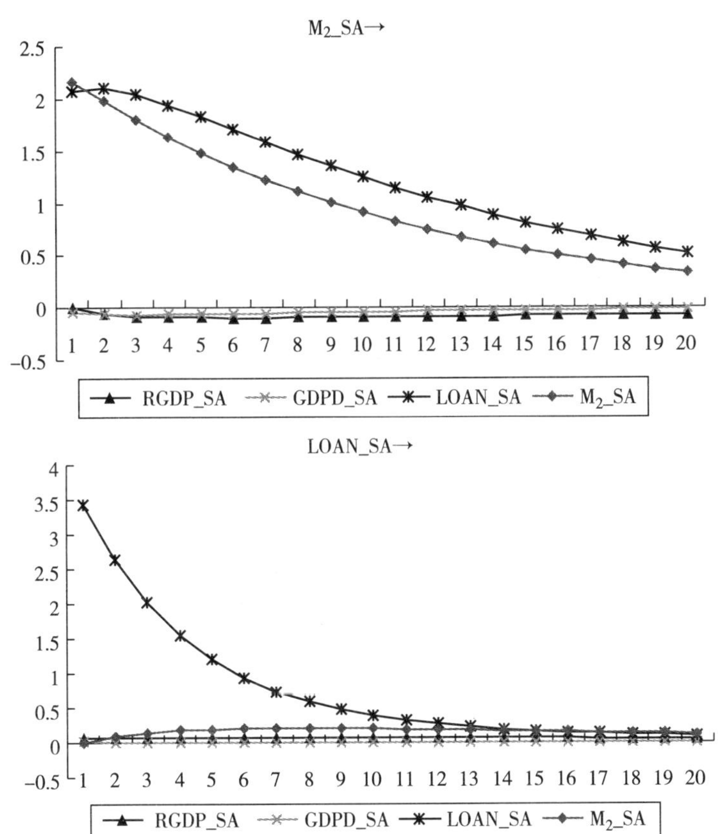

图 5－16　信贷渠道各内生变量冲击的脉冲响应图

变量的影响强度大小依次为：其自身、货币供应量 M_2 增长率；对 GDP 平减指数和实际 GDP 增长率影响相对较小。综合此处分析和图 5－15 可见，货币供应量 M_2 增长率和各项贷款增长率对实际 GDP 增长率的影响较 GDP 平减指数大。

按照整体效应 VAR 模型的断点方式对信贷渠道传导效应进行不同阶段的对比分析如图 5－17 所示。

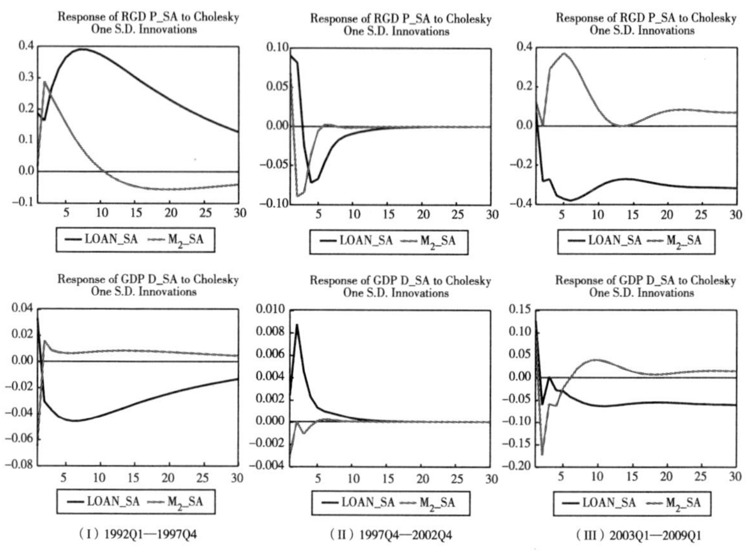

图 5-17　各子样本内生变量冲击的脉冲响应图

图 5-17 中显示了各个子样本中货币供应量 M_2 增长率和各项贷款增长率对实际 GDP 增长率和 GDP 平减指数的冲击作用。

在 1992 年第一季度到 1997 年第四季度这一阶段，对实际 GDP 增长率而言，货币供应量 M_2 增长率和各项贷款增长率冲击对其的滞后影响时间都较长；各项贷款增长率冲击使其加速，在第八季度左右达到最高点，而后增长速度放缓，总体上是正向的影响；货币供应量 M_2 增长率冲击在短期内使得经济增长加速，在第十季度恢复到原来的水平，而后下降到原来水平之下，约在第二十季度时达到最低点，即从长期看货币供应量 M_2 增长率冲击使得经济增长放慢；而且货币供应量 M_2 增长率对其的冲击要小于各项贷款增长率的冲击。对 GDP 平减指数而言，短期内货币供应量 M_2 增长率冲击对其影响强度较各项贷款增长率的冲击大，但从长期看各项贷款增长率的冲击远远大于 M_2 增长率的冲击；第一季度货币供应量 M_2 增长率的冲击使经济增长放缓，各项贷款增长率的冲击使经济增长加速，而从长期看则是反向的，即货币供应量 M_2 增长率的冲击使经济增长加速，各项贷款增长率的冲击使经济增长减速。

在 1997 年第四季度到 2002 年第四季度这一阶段，实际 GDP 增长率和 GDP 平减指数受到货币供应量 M_2 增长率和各项贷款增长率冲击作用的持续时间变短，为 10—14 个季度。对实际 GDP 增长率而言，货币供应量 M_2 增长率的冲击使其第一季度上升，随后下降到原来水平之下，第三季度开始下降速度放慢，直到第七季度左右完全恢复到原来水平；各项贷款增长率冲击对实际 GDP 增长率的影响轨迹大体一致，只是较货币供应量 M_2 增长率的冲击要滞后两个季度左右，在第十五季度时完全恢复到原来水平。对 GDP 平减指数而言，货币供应量 M_2 增长率冲击对其影响强度较各项贷款增长率的冲击小，且 M_2 增长率冲击影响为负向，各项贷款增长率冲击影响为正向。

从 2003 年第一季度到 2009 年第一季度这一阶段，就实际 GDP 增长率而言，前 7—8 个季度货币供应量 M_2 增长率和各项贷款增长率冲击对经济增长的影响强度差不多，只是货币供应量 M_2 增长率的冲击影响为正向，各项贷款增长率冲击影响为负向；自此之后更加长期的影响作用则是各项贷款增长率冲击影响强于货币供应量 M_2 增长率冲击影响，冲击作用方向仍然同短期一致。

综合以上分析再结合图 5 - 17，能够比较分析出在金融市场发展的不同阶段，信贷渠道货币政策传导机制的货币政策效力持续时间长短、传导链中影响实体经济的主要变量、冲击发生的即期影响（短期影响）以及对实体经济发展的长期影响方向。

从货币政策效力持续时间角度看，随着时间推进，金融市场发展，信贷渠道货币政策冲击的持续时间从总体上看有缩短的迹象。第一阶段1992Q1—1997Q4货币政策效力持续时间超过30个季度；第二阶段1997Q4—2002Q4持续10—14个季度；第三阶段2003Q1—2009Q1略有上升，要持续20个季度左右。

从传导链中影响实体经济的主要变量角度看，针对经济增长，各阶段中基本均是各项贷款增长率的冲击影响较大。针对物价水平也是如此。由此可以得出结论：信贷渠道影响经济增长的主要变量是各项贷款增长率而非 M_2 增长率。

从冲击发生的即期影响角度看，针对经济增长，各阶段货币供应量 M_2 增长率和各项贷款增长率冲击均使其加速。针对物价水平，各阶段各项贷款增长率冲击均使其上升，而货币供应量 M_2 增长率冲击在1992Q1—1997Q4和1997Q4—2002Q4均使其下降，只在第三阶段2003Q1—2009Q1使其上升。

从对实体经济发展的长期影响方向角度看，针对经济增长，货币供应量 M_2 增长率冲击使1992Q1—1997Q4和1997Q4—2002Q4经济增长减速，且最终恢复到原来水平，而使2003Q1—2009Q1经济增长加速，最终维持在原来水平上方；各项贷款增长率冲击使1992Q1—1997Q4经济增长加速，使1997Q4—2002Q4经济增长减速，但最终都恢复到原来水平，而使2003Q1—2009Q1经济增长减速，最终维持在原来水平下方。针对GDP平减指数，货币供应量 M_2 增长率冲击使1992Q1—1997Q4和2003Q1—2009Q1物价水平上升，且1992Q1—1997Q4最终恢复到原来水平，而2003Q1—2009Q1最终维持在原来水平上方；货币供应量 M_2 增长率冲击使1997Q4—2002Q4经济增长最终维持在原位；各项贷款增长率冲击使1992Q1—1997Q4和2003Q1—2009Q1物价水平下降，且1992Q1—1997Q4最终恢复到原来水平，而2003Q1—2009Q1最终维持在原来水平下方；各项贷款增长率冲击使1997Q4—2002Q4物价水平最终维持在原位。

但是由于图 5 - 17 中各个阶段在不同刻度的图中，因此不能明显比较出相同内生变量在不同金融市场发展阶段对实体经济冲击强度的不同。因此本书重新整理图 5 - 18 和图 5 - 19，以帮助分析比较相同内生变量在不同金融市场发展阶段对实体经济冲击强度的不同。

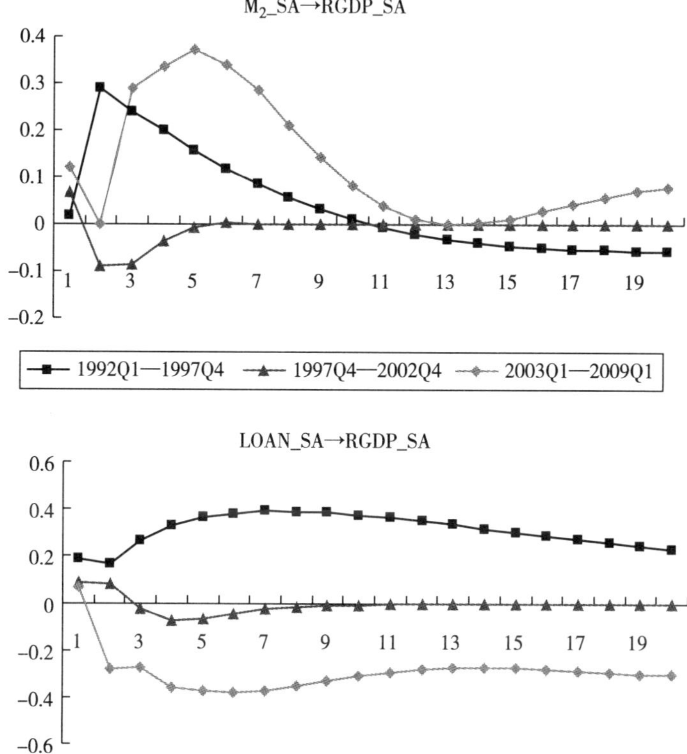

图 5 - 18　各子样本实际 GDP 增长率对内生变量冲击的脉冲响应图

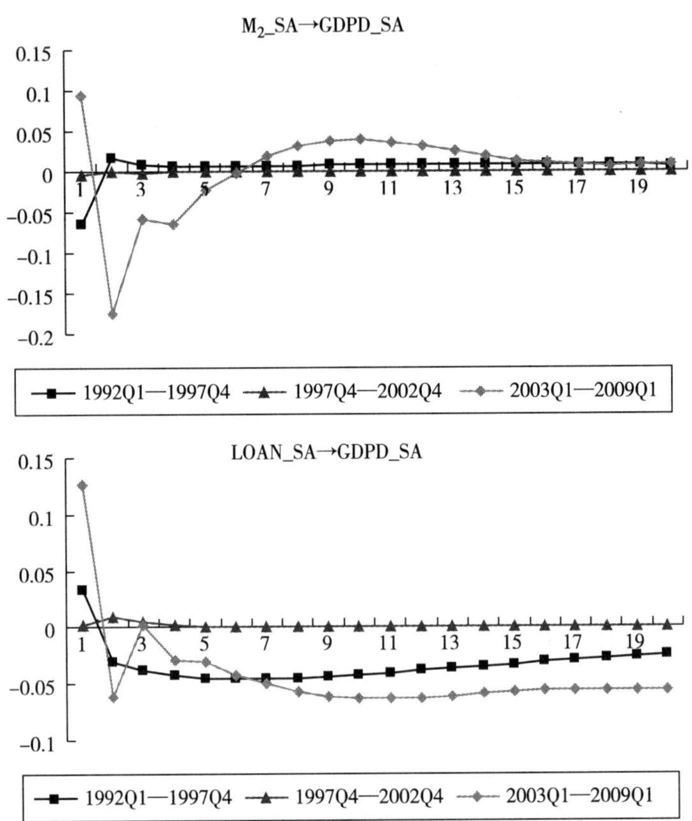

图 5－19　各子样本 GDP 平减指数对内生变量冲击的脉冲响应图

对实际 GDP 增长率而言，各阶段货币供应量 M_2 增长率的冲击效力（即冲击强度）大小从短期看依次为：2003Q1—2009Q1、1997Q4—2002Q4、1992Q1—1997Q4；从长期看依次为：2003Q1—2009Q1、1992Q1—1997Q4、1997Q4—2002Q4。各项贷款增长率的短期和长期冲击效力大小依次均为：2003Q1—2009Q1、1992Q1—1997Q4、1997Q4—2002Q4。总体而言，货币

供应量 M_2 增长率的短期冲击效力在持续增强；货币供应量 M_2 增长率的长期冲击效力和各项贷款增长率的冲击效力均是在第三阶段即2003Q1—2009Q1最强，而在第二阶段最弱。

对GDP平减指数而言，各阶段货币供应量 M_2 增长率的短期冲击效力从大到小依次为：2003Q1—2009Q1、1992Q1—1997Q4、1997Q4—2002Q4；长期冲击效力从大到小依次为：2003Q1—2009Q1、1997Q4—2002Q4、1992Q1—1997Q4。各项贷款增长率的短期和长期冲击效力从大到小依次为：2003Q1—2009Q1、1992Q1—1997Q4、1997Q4—2002Q4。总体而言，货币供应量 M_2 增长率的长期冲击效力在持续增强；货币供应量 M_2 增长率的短期冲击效力和各项贷款增长率的冲击效力均是在第三阶段即2003Q1—2009Q1最强，而在第二阶段最弱。

由此可以看出我国信贷渠道的效力并没有变弱，而是同利率渠道一样随着金融市场的发展而有所增强。

5.5 利率渠道与信贷渠道对比

通过以上分别对利率和信贷渠道估计模型进行分析，将其脉冲响应函数分析数据在此进行对比，试图找出两种渠道孰轻孰重。利率渠道主要通过三个利率变量体现其特征，而信贷渠道主要通过贷款体现其特征，因此接下来简单比较这四个变量分别对实际GDP增长率和GDP平减指数的脉冲响应函数值，比较其冲击效应情况。从所有样本及分阶段估计模型的脉冲响应函数分析比较看，如图5－20和图5－21所示。

以图5－20和图5－21为基础，对1992Q1—2009Q1所有样本估计的VAR模型进行脉冲响应函数分析结果比较，各项

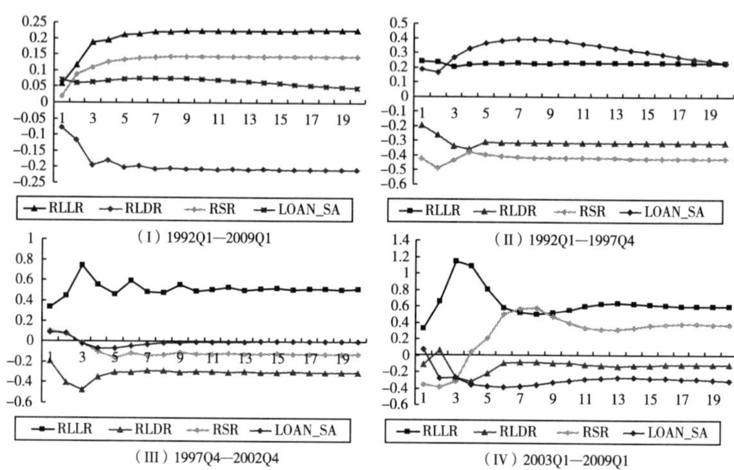

图 5-20 利率和信贷渠道实际 GDP 增长率对内生变量冲击的脉冲响应图

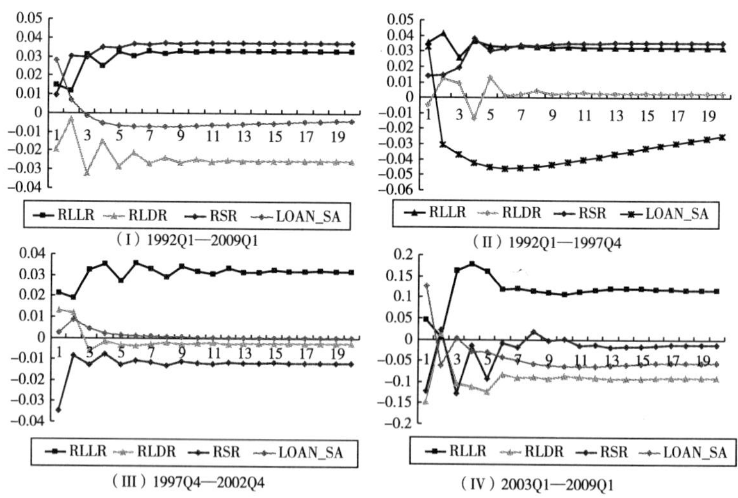

图 5-21 利率和信贷渠道 GDP 平减指数对内生变量冲击的脉冲响应图

贷款增长率对经济增长和物价水平的冲击效力比各利率的冲击都要弱。按照断点阶段分析，1992Q1—1997Q4，各项贷款增长率对经济增长的冲击效力强于长期贷款利率的冲击，但长期看来比中长期债券利率和短期利率的冲击都要弱；而对物价水平的冲击效力是最强的。1997Q4—2002Q4，各项贷款增长率对经济增长和物价水平的冲击效力都是最弱的。2003Q1—2009Q1，各项贷款增长率对经济增长的冲击效力仅强于中长期债券利率；而对物价水平的冲击效力仅强于短期利率。综合看来，比较利率渠道和信贷渠道对实体经济的冲击作用，大体上信贷渠道的作用是在逐渐削弱的。但需要强调的是，这是相对利率渠道而言，而其本身如上文中分析的其传导效应也是在不断加强的。

5.6 实证研究小结

为了更加清晰地认识和把握实证分析的研究结果，本章在前文中对我国货币政策传导机制的整体效应、利率渠道和传统信贷渠道的实证研究分析基础上，概括总结分析过程，提炼实证分析结论如下：

（1）我国货币政策传导机制的整体效应

在分析我国货币政策传导整体效应时，针对 1992Q1—2009Q1 所有样本建立模型时，利率变量采用名义利率时模型会更加稳定。在名义利率模型基础上分析货币政策传导情况，发现国内名义短期利率对 GDP 平减指数和实际 GDP 增长率的滞后影响都较为显著，且反过来 GDP 平减指数和实际 GDP 增长率对国内名义短期利率的滞后影响也较为显著，同时 GDP 平减指数对实际 GDP 还有显著的滞后影响。国内名义短期利率对 GDP 平减指数的冲击效应是使其下降的；对经济增长的冲击影响较对物价水平的冲击影响要大许多，但同为负向的影响，符合宏观经济一般理论和货币中性理论。同时，比较货币供应量 M_1 增长率和 M_2 增长率各自对实体经济的冲击，发现货币供应量 M_2 增长率冲击效应更加符合现实情况。

通过断点检验，本书发现我国的货币政策传导机制在 1997 年底到 2003 年之间存在着相对较为显著的结构性变化。在此基础上确定 1997 年第四季度和 2003 年第一季度这两个时间点作为断点，将原有的样本划分为三个子样本，采用名义利率模型分析整体效应各阶段情况时，第一阶段（1992Q1—1997Q4）GDP 平减指数的响应情况不符合一般经济理论，第二阶段（1998Q1—2002Q4）冲击效力的持续时间与第一、第三（2003Q1—2009Q1）阶段差距太大，没有明显的规律性特征，也很难和金融市场发展联系起来。继而采用实际利率模型进行阶段性建模对比分析发现随着时间的推移，国内实际短期利率对经济增长和物价水平的冲击影响持续时间越来越长，冲击的灵敏性也越来越强，冲击强度也越来越大。由此得出结论，随着我国金融自由化的不断深入、持续进行金融产品和金融技术创新、金融整合的不断发展和金融市场进一步深化，我国货币政策传导的整体效应在不断增强，按照实际利率模型分析，2003Q1—2009Q1 阶段相对于 1998Q1—2002Q4 阶段货币政策传导的整体效力大约增强了两倍还多。

（2）我国利率渠道货币政策传导效应

对利率渠道 1992Q1—2009Q1 所有样本构建模型分析显示，货币供应量 M_2 增长率和 GDP 平减指数对实际 GDP 增长率、长期贷款利率对短期利率和中长期利率以及短期利率对中长期债券利率均有 Granger 影响；同时实际 GDP 增长率对长期贷款利率和短期利率有滞后影响，GDP 平减指数对实际 GDP 增长率、长期贷款利率和短期利率均有滞后影响，长期贷款利率对短期利率也会产生滞后效应。

在利率渠道的货币政策传导中，货币供应量 M_2 增长率、实际短期利率、实际长期贷款利率和中长期债券利率对实际 GDP 增长率和 GDP 平减指数的冲击都非常迅速，强度也非常大，实际 GDP 增长率和 GDP 平减指数对冲击的反应都非常灵敏。对实际 GDP 增长率而言，M_2 增长率、长期贷款实际利率和短期实际利率对其的冲击影响持续时间最短，约为 4 个季度（1 年）；中长期债券实际利率对其的冲击影响持续时间长达 6—7 个季度。在 M_2 增长率、实际短期利率和实际长期贷款利率冲击下，实际 GDP 增长率总体上看是上升的，但在中长期债券利率的冲击下，实际 GDP 增长率总体上看在下降。最终实际 GDP 增长率实现了平稳，但没有恢复到原来的水平。对 GDP 平减指数而言，货币供应量 M_2 增长率和实际中长期债券利率的冲击都使得 GDP 平减指数下降，实际短期利率和实际长期贷款利率冲击使其上升。

货币供应量 M_2 增长率内生性非常强，对短期实际利率、长期贷款利率和中长期债券利率的影响较小；同时这些内生变量对它的冲击影响也都不大，且持续时间短，基本都不到 3 个季度。短期实际利率内生性也较强，其冲击作用对中长期债券利率、它自身及长期贷款利率的影响最大，对其他内生变量影响较小；同时中长期债券利率和长期贷款利率对其冲击较大，且分别为正向和负向的效应，货币供应量 M_2 增长率对其的冲击影响微小。中长期债券实际利率的冲击对其自身影响最大，其次为长期贷款实际利率、短期实际利率、实际 GDP 增长率、M_2 增长率，对 GDP 平减指数基本不存在影响；同时短期实际利率冲击对其影响强度也较大，持续两个季度上升后冲击作用开始变小，直到第十二季度左右效力消失，保持平稳；中长期债券利率对其冲击影响持续时间较长（持续 11—12 个季度），且强度也较大；而货币供应量 M_2 增长率的冲击对其影响最小，自第一季度使其小幅下降，第二季度加速下降后，下降幅度变缓，在第七季度左右冲击作用就基本消失。长期贷款实际利率冲击对短期实际利率的影响最大，其次为中长期债券利率、其自身、M_2 增长率、实际 GDP 增长率、GDP 平减指数；而其他内生变量对其的冲击影响类似于中长期债券实际利率。

通过阶段性对比分析发现，随着时间推进，金融市场发展，利率渠道货币政策冲击的持续时间越来越长。影响经济增长的主要变量由 M_2 增长率和短期利率逐渐转移到 M_2 增长率和长期贷款利率；影响物价水平的主要变量由短期利率逐渐转移到长期贷款利率。长期贷款利率在任何阶段对实体经济的冲击影响不论从短期还是长期来看都是正向的；中长期债券利率在任何阶段对经济增长的冲击影响不论从短期还是长期来看都是负向的。货币供应量 M_2 增长率的长期冲击效力和长期贷款利率的冲击效力在持续增强；货币供应量 M_2 增长率的短期冲击效力和短期利率的短期冲击效力在第二阶段即 1997Q4—2002Q4 最弱，在第三阶段即 2003Q1—2009Q1 有所提高。中长期债券利率的冲击效力在第三阶段 2003Q1—2009Q 时最弱，在第二阶段 1997Q4—2002Q4 时最强。

（3）我国信贷渠道货币政策传导效应

对信贷渠道 1992Q1—2009Q1 所有样本构建模型分析显示，货币供应量 M_2 增长率和 GDP 平减指数对实际 GDP 增长率有 Granger 影响；同时 GDP 平减指数对实际 GDP 增长率、货币供应量 M_2 增长率对实际 GDP 增长率和各项贷款增长率均有滞后影响。

在信贷渠道的货币政策传导中，货币供应量 M_2 增长率对实际 GDP 增长率和 GDP 平减指数的冲击都非常迅速，强度也非常大，冲击效用持续时间很长。各项贷款增长率对实际 GDP 增长率的冲击也非常迅速，强度也比较大，冲击效用持续时间超过50个季度。货币供应量 M_2 增长率和各项贷款增长率对实际GDP增长率的影响较GDP平减指数大。对实际GDP增长率而言，对各变量冲击的响应强度从大到小依次为：货币供应量 M_2 增长率、各项贷款增长率；不管从长期还是短期看，在货币供应量 M_2 增长率冲击下实际GDP增长率水平都是下降的，在各项贷款增长率的冲击下，实际GDP增长率水平都是上升的，最终实际GDP增长率都实现了平稳，恢复到原来的水平，符合货币长期中性理论。对GDP平减指数而言，对各变量冲击的响应强度从大到小依次为：货币供应量 M_2 增长率、各项贷款增长率；从长期来看，货币供应量 M_2 增长率和各项贷款增长率的冲击都使物价水平下降；而各项贷款增长率冲击从短期看使物价水平在第1—2季度上升。

货币供应量 M_2 增长率内生性非常强，各项贷款增长率对其的冲击影响效应较小；但货币供应量 M_2 增长率的冲击对各项贷款增长率影响程度最大，其次为其自身、实际GDP增长率，对GDP平减指数影响相对较小。各项贷款增长率也有较强的内生性，货币供应量 M_2 增长率对其也有较大的冲击影响，而且冲击作用都是使其总水平提高；同时各项贷款增长率的冲击对内生变量的影响强度大小依次为：其自身、货币供应量 M_2 增长率，对GDP平减指数和实际GDP增长率影响相对较小。

通过阶段性对比分析发现，从货币政策效力持续时间角度看，随着时间推进，金融市场发展，信贷渠道货币政策冲击的持续时间从总体上看有缩短的迹象。信贷渠道影响经济增长和物价水平的主要变量是各项贷款增长率而非 M_2 增长率。第一季度，各阶段货币供应量 M_2 增长率和各项贷款增长率冲击均使经济增长加速，各阶段各项贷款增长率冲击均使物价水平上升，而货币供应量 M_2 增长率冲击在第一阶段（1992Q1—1997Q4）

和第二阶段（1997Q4—2002Q4）均使物价水平下降，在第三阶段（2003Q1—2009Q1）使物价水平上升。长期来看，货币供应量 M_2 增长率冲击使第一、第二阶段经济增长减速，且最终恢复到原来水平，而使第三阶段经济增长加速，最终维持在原来水平上方；各项贷款增长率冲击使经济增长第一阶段加速、第二阶段减速，但最终都恢复到原来水平，而使第三阶段经济增长减速，最终维持在原来水平下方。货币供应量 M_2 增长率冲击使得第一、第三阶段物价水平上升，其中第一阶段最终恢复到原来水平，第三阶段最终维持在原来水平上方；而使第三阶段经济增长最终维持在原位。各项贷款增长率冲击使得第一、第三阶段物价水平下降，其中第一阶段最终恢复到原来水平，第三阶段最终维持在原来水平下方，而使第二阶段物价水平最终维持在原位。

另外，通过比较还发现，货币供应量 M_2 增长率的短期冲击效力在持续增强；货币供应量 M_2 增长率的长期冲击效力和各项贷款增长率的冲击效力均是在第三阶段即 2003Q1—2009Q1 最强，而在第二阶段最弱。货币供应量 M_2 增长率的长期冲击效力在持续增强；货币供应量 M_2 增长率的短期冲击效力和各项贷款增长率的冲击效力均是在第三阶段即 2003Q1—2009Q1 最强，而在第二阶段最弱。

由此可以看出我国信贷渠道的效力并没有变弱，2003 年以来，同利率渠道一样随着金融市场的发展而有所增强，但货币政策冲击效力的持续时间在变短。

（4）利率渠道与信贷渠道货币政策传导效力对比

通过比较利率渠道和信贷渠道对实体经济的脉冲响应函数值，大体上可以得出信贷渠道的作用是在逐渐削弱的结论。但需要强调的是，这是相对利率渠道而言，而其本身如上文中分析的其传导效应也是在不断加强的。

第6章 研究结论

本书从货币政策传导机制的内涵入手，分析论证了当前货币政策传导机制的主流观点、货币传导渠道理论、货币政策传导机制研究方法以及我国货币政策传导机制的特点和研究现状。继而概括总结我国金融市场的发展情况，尤其是自 1990 年以来金融市场各方面的发展历程，包括金融自由化、金融产品创新、金融技术创新、金融整合、金融系统深化和结构性变化等方面。再从已有研究成果中总结分析金融市场发展对于货币政策传导机制的影响，包括金融市场整体发展情况对利率渠道、资产价格渠道、信贷渠道、汇率渠道、预期渠道以及货币传导机制整体效应的影响，金融市场发展的各个方面对利率渠道、信贷渠道和货币政策传导整体效应的影响，以及金融市场发展对货币政策传导机制的整体影响情况。最后运用单位根检验、协整检验、格兰杰因果检验、向量自回归（VAR）、脉冲响应函数、Quandt - Andrews 未知断点检验等计量经济学方法，就金融市场发展对我国货币政策传导机制的影响进行实证研究。在研究过程中综合运用了定性研究与定量研究相结合、历史研究和现实研究穿插、横向和纵向对比研究等方法，通过研究得出以下主要结论：

（1）我国的货币政策传导机制在 1997 年底到 2003 年发生了相对较为显著的结构性变化。

（2）随着我国金融自由化的不断深入、持续进行金融产品和金融技术创新、金融整合的不断发展和金融市场进一步深化，我国货币政策传导的整体效应在不断增强，按照实际利率模型分析，2003Q1—2009Q1 阶段相对于 1998Q1—2002Q4 阶段货币政策传导的整体效力大约增强了两倍还多。

（3）在分析我国货币政策传导整体效应时，针对 1992Q1—2009Q1 所有样本建立模型时，利率变量采用名义利率时模型会更加稳定；而采用实际利率模型进行阶段性建模对比分析更符合现实情况。

（4）随着时间推进，金融市场发展，利率渠道货币政策冲击的持续时间越来越长。货币供应量 M_2 增长率的长期冲击效力和长期贷款利率的冲击效力在持续增强；货币供应量 M_2 增长率的短期冲击效力和短期利率的短期冲击效力在第二阶段即1997Q4—2002Q4 最弱，在第三阶段即 2003Q1—2009Q1 有所提高；中长期债券利率的冲击效力在第三阶段 2003Q1—2009Q 时最弱，在第二阶段 1997Q4—2002Q4 时最强。

（5）利率渠道中，影响经济增长的主要变量由 M_2 增长率和短期利率逐渐转移到 M_2 增长率和长期贷款利率；影响物价水平的主要变量由短期利率逐渐转移到长期贷款利率。

（6）利率渠道中，长期贷款利率在任何阶段对实体经济的冲击影响不论从短期还是长期来看都是正向的；中长期债券利率在任何阶段对经济增长的冲击影响不论从短期还是长期来看都是负向的。

（7）随着时间推进和金融市场的发展，信贷渠道货币政策冲击的持续时间从总体上看有缩短的迹象。但我国信贷渠道的效力并没有变弱，2003 年以来，同利率渠道一样随着金融市场的发展而有所增强。货币供应量 M_2 增长率的短期冲击效力在持续增强；货币供应量 M_2 增长率的长期冲击效力和各项贷款增长率的冲击效力均是在第三阶段即 2003Q1—2009Q1 最强，而在第二阶段最弱。

（8）信贷渠道中，影响经济增长和物价水平的主要变量是各项贷款增长率而非 M_2 增长率。

（9）通过比较利率渠道和信贷渠道对实体经济的脉冲响应函数值，大体上可以得出信贷渠道的作用是在逐渐削弱的结论。但需要强调的是，这是相对利率渠道而言，而其本身如上文中分析的其传导效应也是在不断加强的。

由上述结论可见，货币当局在制定货币政策调整实体经济时，需要更加重视利率渠道的作用，注重利率政策工具的应用，同时也不能放松对信贷渠道的监控。在关注利率工具时，需要更加注重市场实际利率、长期贷款利率的作用，更多地以实际利率为货币政策制定的参考目标。

本书经过长时间研究，具备了不同于以往研究的新特色。研究思路方面，本书在系统概括总结金融市场总体发展状况的基础上主要分析了对货币政策传导机制整体效应的影响，强调整体效果。另外，针对我国货币政策传导机制的特点，重点分析了金融市场发展条件下我国利率渠道和信贷渠道的货币政策传导机制的运作和发展变化。不同于以往只是单一地研究某一个渠道或金融市场发展的某一个方面。研究内容方面，对金融市场发展状况进行了较为全面系统的分析概括，系统地总结概括了自20世纪90年代以来，我国金融市场发展所取得的主要成果，比较全面细致地分析论述了金融市场发展对货币政策传导机制的影响。研究方法上，创新性地采用 Quandt - Andrews 未知断点检验方法寻找我国货币政策传导机制的结构断点，进而分三个阶段分析了我国金融市场发展各阶段的货币政策传导机制运行特点。研究对象上，本书将重点放在我国这样一个新兴市场的背景下，为研究提供了一个特殊的制度与社会经济环境。

由于时间的限制和目前一些基础理论的缺乏，在研究中还存在一些不足：实证中虽然比较了信贷渠道和利率渠道的作用效力大小，但是这种基于两个不同模型的比较分析还没有比较完善的理论依据做支撑；模型中没有直接加入能够体现金融市场发展的变量，不能够从实证的角度分析影响程度，但是这也是由于金融市场发展表现在多个不同的方面，找不到一个典型的代理变量，因此只能通过分别对金融市场发展和货币政策传导机制变化进行分析，然后再将二者结合起来分析，找出二者发展过程中的联系。随着金融市场的不断发展，非常需要建立起一个能够综合反映金融市场发展变化的指标或指标体系，另外在货币政策传导的实证分析基础理论方面也还需要继续不断地进行丰富和完善。这些都将是以后研究工作的方向和重点。

附 录

一、Andrews 和 Polober（1994）未知断点结构变化检验法

根据 Andrews 和 Polober 的理论，假定 $m \times 1$ 阶的系数矩阵 Φ 表示已建立的动态模型中的参数，在 $t < k$ 时刻有 $\Phi = \Phi_1$，而在 $t \geqslant k$ 时刻 $\Phi = \Phi_2$（$\Phi_1 \neq \Phi_2$），并且满足条件 $m \leqslant k \leqslant Tm$，其中 T 表示全样本大小。另外，假设未知结构断点参数的搜索域为 τ（如样本 T 的中间 70% 区域），首先计算在该域内所有可能断点 $k = T\tau_i$ 对应的一系列 Wald 检验统计量 $W_T(\tau_i)$，该统计量检验的原假设是在结构断点为 k 时模型中参数不发生结构性变化。不难看出，对于原假设来说，这个未知断点参数 k 并不出现，而只是出现在备择假设条件下，这样的参数被称为统计检验中的干扰参数。$W_T(\tau_i)$ 获得之后，可以进一步计算最大 Wald 统计量，即

$$SupW = SupW_T(\tau_i) \mid \tau_i \in [\tau_{\min}, \tau_{\max}]$$

如果 SupW 统计量具有统计显著性，则其对应的断点时刻即为发生结构性变化的转变时点。

Andrews 和 Polober 进一步提出了在干扰系数存在情况下检验结构性转变的另外两个具有统计最优特性（optimal）的检验统计量，即指数 - Wald（Exponential Wald）和均值 - Wald（Average Wald）统计量，分别定义为

$$ExpW = \ln\left\{\int_{\tau_{\min}}^{\tau_{\max}} \exp[0.5W_T(\tau)]d\tau\right\}$$

$$AveW = \int_{\tau_{\min}}^{\tau_{\max}} W_T(\tau)d\tau$$

Andrews 和 Polober 的研究表明，即使在渐进条件下，上述 3 个检验统计量对应的都是非标准的统计分布，从实质上说就是因为干扰系数的存在。因此，在计算未知断点结构变化检验统计量的过程中，必须构建能够捕捉这里的非标准分布特征的 p 值计算函数，才能获得正确的伴随概率。

二、Hansen（1997）Wald 统计量 p 值计算方法

如果使用未知断点搜索来确定断点时刻，却仍使用传统的 p 值计算方法来进行统计推断（如刘金全等人，2006），从严格意义上讲是不正确的。

因此，我们运用 Hansen（1997）的非标准分布函数计算 SupW、ExpW 和 AveW 统计量对应的 p 值。Hansen 提出的非标准分布条件下的未知断点检验统计量对应的渐进 p 值计算函数可以写成

$$p(x \mid \theta) = 1 - \chi^2(\theta_0 + \theta_1 x + \cdots + \theta_m x^m \mid \eta)$$

其中 $\chi^2(z \mid \eta)$ 表示自由度为 η 的累积卡方分布，即

$$\chi^2(z \mid \eta) = \int_0^z \frac{w^{-1+(\eta/2)} e^{-w/2}}{\Gamma(\eta/2)2^{\eta/2}} dw$$

Hansen 指出，多项式 $\theta_0 + \theta_1 x + \cdots + \theta_m x^m$ 可以先通过分位数（quantile）估计法确定，并进一步给出了与计算渐进 p 值公式相关的损失函数（Loss Function）和分位数函数的计算方法。在实际计算过程中，我们使用无限制条件下模型的异方差修正矩阵计算对应的 p 值。

参考文献

[1] 瞿强：《中国货币政策效应与传导之谜——基于结构VAR的分析》，载《货币金融评论》，2008（11），12－28页。

[2] 安毅，赵婷：《衍生品市场发展对货币政策的影响》，载《中国金融》，2009（6），58－60页。

[3] 陈日清，杨海平：《我国金融自由化进程的历史、前提条件及存在问题研究》，载《华北金融》，2008（8），6－10页。

[4] 李琼，王志伟：《中国货币政策传导机制：实证检验的再考察》，载《南方金融》，2007（4），11－17页。

[5] 周光友，邱长溶：《货币政策传导机制理论的争论及启示》，载《财经科学》，2005（2），17－21页。

[6] 孙明华：《我国货币政策传导机制的实证分析》，载《财经研究》，2004（3），19－30页。

[7] 赖建明：《我国货币政策传导变迁及效应》，载《宏观经济研究》，2003（9），50－53页。

[8] 耿运栋，魏来：《新型支付方式对货币乘数的影响》，

载《商场现代化》，2007（8），344页。

［9］李桂君，赵德海，李庆辉：《货币政策传导机制研究方法综述》，载《商业研究》，2003（19），7－9页。

［10］索彦峰：《货币政策传导机制的理论脉络、内涵界定及实证方法》，载《南京审计学院学报》，2008－05－01（40－44）。

［11］岳意定，赵振华：《金融创新对货币政策传导的影响》，载《中南大学学报（社会科学版）》，2004－08－10（450－453）。

［12］齐险超，徐蓉：《金融产品创新对我国货币政策影响研究》，载《合作经济与科技》，2007（6），46－47页。

［13］朱华培：《资产证券化对美国货币政策信用传导渠道的影响》，载《证券市场导报》，2008（2），28－34页。

［14］周丹，王恩裕：《资产证券化对我国货币政策的影响初探》，载《金融理论与实践》，2007（4），37－39页。

［15］黎冬，符文佳：《浅析电子货币对货币政策效应的冲击》，载《中央财经大学学报》，2001（5），33－36页。

［16］周光友：《电子货币发展对货币政策传导机制的影响》，载《工业技术经济》，2006（11），141－144页。

［17］袁斌：《透视中国金融整合》，载《中国国情国力》，2005（7），20－22页。

［18］姚国会：《“金融脱媒”成金融市场新动向》，载《改革与开放》，2008（7），17－18页。

［19］明洪盛：《“金融脱媒”对金融业的影响分析》，载《当代经济》，2006（4），75－76页。

［20］吴清：《20世纪90年代以来的金融创新及金融脱媒》，载《财贸经济》，2003（1），39－42页。

［21］朱刚：《金融脱媒现象对我国货币政策的影响分

析——基于货币政策中介目标角度》，载《经济研究导刊》，2008（11），74－75页。

[22] 罗伯特·J. 希勒：《中国和世界金融市场的发展》，载《河南师范大学学报（哲学社会科学版）》，2004（3）。

[23] 高晓红：《从管制到自由化：利率理论的批判与整合》，载《财经研究》，2002（7），45－51页。

[24] 沈悦，赵建军：《中国金融自由化改革进程判断：1994—2006》，载《西安交通大学学报（社会科学版）》，2008（2），1－6页。

[25] 鄢郦：《目前我国资产证券化发展状况和建议》，载《商场现代化》，2009（5），191页。

[26] 史晨昱：《中国信贷资产证券化市场发展现状及展望》，载《新金融》，2009（4），45－49页。

[27] 甘志斌，游小列：《当代金融衍生产品的发展及在我国的应用》，载《商业研究》，2005（6），159－161页。

[28] 黄中南，韩超群：《我国金融衍生产品市场发展现状与对策》，载《商场现代化》，2008（11），384－385页。

[29] 杨炘，张哲：《金融衍生工具对货币政策传导机制的影响》，载《金融与经济》，2006（3），52－53页。

[30] 罗福周，田俊杰：《我国房地产投资信托现状分析》，载《商场现代化》，2007（5），197页。

[31] 颜永廷：《我国房地产信托投资基金发展趋势》，载《金融与经济》，2008（4），38－40页。

[32] 翁迪：《电子货币的发展——网络时代的货币趋势》，载《特区经济》，2008（8），263－264页。

[33] 曾宪久：《凯恩斯的货币政策传导理论考察》，载《经济体制改革》，2001（3），155－158页。

[34] 张颖：《西方货币政策传导机制理论的探讨》，载

《学术论坛》，2002（1），77－80页。

［35］王召：《对中国货币政策利率传导机制的探讨》，载《经济科学》，2001（5），75－84页。

［36］周骏：《货币政策的几个问题对货币政策传导机制障碍的调查研究》，载《金融研究》，2001（5），20－25页。

［37］朱正元：《论西方货币政策传导机制理论及其启示》，载《经济评论》，2001（1），99－101页。

［38］王振山，王志强：《我国货币政策传导途径的实证研究》，载《财经问题研究》，2000（12），60－63页。

［39］夏新平，贾炳汉，邹敏等：《我国货币政策传导机制影响因素及运行对策研究》，载《金融研究》，2001（增刊），297－312页。

［40］王华庆：《我国金融开放进程中的货币政策操作模式》，载《中国金融》，2001（7），28－32页。

［41］王煜：《中国货币政策传导机制的现状问题与改革》，载《中国金融》，2001（7），29－32页。

［42］马乐：《西方货币政策传导理论与我国货币政策传导机制实践》，载《浙江金融》，2000（6），9－11页。

［43］韩俊：《试析货币政策传导机制的三种主要观点》，载《金融教学与研究》，1998（3），5－7页。

［44］蒋敏：《西方货币政策传导机制理论评述》，载《南开经济研究》，2000（2），53－57页。

［45］江其务：《论新经济条件下的货币政策传导效率》，载《金融研究》，2001（2），1－7页。

［46］郭晔：《货币政策信贷传导途径的最新争论及其启示》，载《经济学动态》，2000（7）。

［47］周英章，蒋振声：《货币渠道、信用渠道与货币政策有效性》，载《金融研究》，2002（9），105页。

［48］陈飞，赵昕东，高铁梅：《我国货币政策工具变量效应的实证分析》，载《金融研究》，2002（10），106页。

［49］陈德伟，徐琼，孙崎岖：《我国货币政策效果的非对称性实证研究》，载《数量经济技术经济研究》，2003（5），19－22页。

［50］刘金全，郑挺国：《我国货币政策冲击对实际产出周期波动的非对称影响分析》，载《数量经济技术经济研究》，2006（10），3－14页。

［51］国务院发展研究中心金融研究所货币政策传导机制研究组：《中国银行体系贷款供给的决定及其对经济波动的影响》，载《金融研究》，2003（8）。

［52］张成思，刘志刚：《中国通货膨胀率持久性变化研究及政策含义分析》，载《数量经济技术经济研究》，2007（3），3－12页。

［53］潘敏，夏频：《国有商业银行信贷资金供求与我国货币政策传导机制》，载《金融研究》，2002（6），63－73页。

［54］陈金霞：《美国货币政策传导机制对我国的启示》，载《黑龙江财专学报》，2001（3），19－22页。

［55］戴根有：《关于我国货币政策的理论与实践问题》，载《金融研究》，2000（9），1－12页。

［56］李斌：《中国货币政策有效性的实证研究》，载《金融研究》，2001（7），10－17页。

［57］李扬，王国刚，王松奇：《中国金融发展报告（2004）》，北京，社会科学文献出版社，2004。

［58］杨如彦，孟辉：《中国金融工具创新报告（2004）》，北京，中国人民大学出版社，2004。

［59］中国金融年鉴编委会（1986—2006）：《中国金融年鉴》，北京，中国金融出版社（1986—1988年），中国金融年鉴

编辑部（1989 年及以后）。

［60］李子奈：《计量经济学》，北京，高等教育出版社，2000。

［61］［英］特伦斯 · C. 米尔斯：《金融时间序列的经济计量学模型》，北京，经济科学出版社，2002。

［62］Axel A Weber，Rafael Gerke，Andreas Worms（2009）：Has the monetary transmission process in the euro area changed? Evidence based on VAR estimates，BIS Working Papers No. 276，March 2009.

［63］Arturo Estrella：Securitization and the Efficacy of Monetary Policy，FRBNY Economic Policy Review，1 – 13.

［64］AHEM Wellink（2001）：The impact of new technologies on the implementation of monetary policy，Speech by Dr A H E M Wellink，President of the Nederlandsche Bank，at a symposium of the Banque de France on "New Technologies and Monetary Policy"，Paris，30 November 2001.

［65］André Icard（2003）. Capital account liberalisation in China：international perspectives，BIS Papers No. 15，part 5，April 2003：pp. 14 – 18.

［66］Athanasios Orphanides，2003. Historical monetary policy analysis and the Taylor rule. Journal of Monetary Economics 50，pp. 983 – 1022.

［67］Alchian，A.（1950）：Uncertainty，Evolution，and Economic Theory；The Journal of Political Economics，58（3），pp. 211 – 221.

［68］Alten，F. and A. M. Santomero（1997）：The Theory of Financial Intermediation；Journal of BanKing and Finance，21. pp. 1461 – 1486.

[69] Apostolos Serletis, Terence E. Molik. The M1 vector – error-correction model: some extensions and applications. In K. Clinton and W. Engert (eds.) Money, monetary policy, and transmission mechanisms: proceedings of a conference held by the Bank of Canada, November 1999. Ottawa, Ontario: Bank of Canada, 2000.

[70] Ariccia, G. D. and Garibaldi, P., 1998. Bank lending and interest rate changes in a dynamic matching model. IMF Working Paper.

[71] Bernanke, B. S and Gertler, M., 1995. Inside the black box: the credit channel of monetary policy transmission. Journal of Economic Perspectives, 9, No. 4, pp. 27 – 48.

[72] Bagliano, Fabio C., and Carlo A. Favero, Measuring Monetary Policy with VAR Models: An Evaluation, CEPR Discussion Paper, 1997, No. 1746.

[73] Christian Noyer (2008): "Challenges of financial innovation for the conduct of monetary policy", Speech by Mr Christian Noyer, Governor of the Bank of France, at the International Monetary Fund – Bank of France – Bank of England Conference, Paris, 29 January 2008.

[74] Coenraad Vrolijk: Derivatives Effect on Monetary Policy Transmission, IMF Working Paper, September 1997.

[75] Clarida, R., Gali, J. and Gertler, M., 2000. Monetary policy rules and macroeconomic stability: evidence and some theory. The Quarterly Journal of Economics, 2: pp. 147 – 180.

[76] David Archer: Implications of recent changes in banking for the conduct of monetary policy, BIS Papers No. 28: pp. 123 – 151.

[77] Elena Loutskina and Philip E. Strahan: Securitization and

the Declining Impact of Bank Finance on Loan Supply: Evidence from Mortgage Acceptance Rates, NBER Working Paper No. 11983 January 2006.

[78] Evans, Charlos L., and Kenneth N. Kuttner, Can VARs Describe Monetary Policy Federal Reserve Bank of Chocago, 1998, Working Paper No. WP -98 -18.

[79] Frederis S. Mishkin: Banque de France Bulletin Digest No. 27, March 1996, pp. 33 -44.

[80] Frederic S. Mishkin: "Globalization, Macroeconomic Performance and Monetary Policy", Journal of Money, Credit and Banking, Supplement to Vol. 41, No. 1 (February 2009).

[81] Frame, W. S. and L. J. White (2002): Empirical Studies of Financial innovation: Lots of Talk, Little Action; paper prepared for the conference on Innovation in Financial Services and Payments, Federal Reserve Bank of Philadelphia, May 16 -17.

[82] Group of Ten: Consolidation in The Financial Sector - Summary Report, January 2001.

[83] Ganev, G., K. Molnar, K. Rybinski and P. Wozniak, 2002. Transmission mechanism of monetary policy in central and eastern Europe. Center for Social and Economic Research, Warsaw, Poland, Case Report, No. 52.

[84] Hamilton, J. D., 1989. Analysis of time series subject to changes in regime. Journal of Econometrics, July/August, 45: pp. 39 -70.

[85] Hulsewig, O., Winker, P. and Worms, A. (2001): Bank lending in the transmission of monetary policy: a VECM analysis for Germany. International University in Germany, Bruchsal, pp. 57 -83.

[86] Hans Genberg (2007): The changing nature of financial intermediation and its implications for monetary policy, BIS Papers No 39: pp. 100 - 113.

[87] Hyun E. Kim (1999): "Was Credit Channel a Key Monetary Transmission Mechanism Following the Recent Financial Crisis in the Republic of Korea?", Policy Research Working Paper 3003, April, 1999.

[88] John Hawkins (2001): Electronic finance and monetary policy, BIS Papers No. 7 Nov 2001: pp. 98 - 105.

[89] José J. Sidaoui and Manuel Ramos - Francia of (2008): The monetary transmission mechanism in Mexico: recent developments, BIS Papers No. 35, January 2008, pp. 363 - 394.

[90] Lucas, R. E., 1972. Expectations and the neutrality of money. Journal of Economic Theory, 4 (4): pp. 103 - 124.

[91] Marvin Goodfriend, Eswar Prasad: Monetary policy implementation in China, BIS Papers No. 31: pp. 25 - 39.

[92] Mar Gudmundsson (2007): Financial globalisation: key trends and implications for the transmission mechanism of monetary policy, BIS Papers No. 39: pp. 7 - 29.

[93] Monetary and Economic Department (2007): "Financial market developments and their implications for monetary policy", Proceedings of a joint conference organised by the BIS and Bank Negara Malaysia in Kuala Lumpur on 13 August 2007.

[94] Mario Draghi: Monetary policy and new financial instruments, Speech by Mr Mario Draghi, Governor of the Bank of Italy and Chairman of the Financial Stability Forum, at Session I on Challenges in the World's Financial Markets of the 2007 Money and Banking Conference "Monetary Policy Under Uncertainty", hosted by the

Central Bank of Argentina, Buenos Aires, 4 June 2007.

[95] M S Mohanty and Philip Turner: "Monetary policy transmission in emerging market economies: what is new?", BIS Papers No. 35, January 2008.

[96] Monetary and Economic Department: Transmission mechanisms for monetary policy in emerging market economies, BIS Papers No. 35, January 2008.

[97] Morgan, D., 1993. Asymmetry effects of monetary policy. Economic Review, Federal Reserve Bank of Kansas, second quarter, pp. 21 -33.

[98] Mishkin, F. S., 1995. Symposium on the monetary transmission mechanism. Journal of Economic Pe. rspectives, 9: pp. 3 -10.

[99] Morris, C. S. and Gordon, H. S., 1995. Bank lending and monetary policy: evidence on credit channel. FRBKC Economic Review, 2: pp. 145 -168.

[100] Mills, T. C., 1999. The Econometric modelling of financial time series. Cambridge: Cambridge University Press, pp. 191 -277.

[101] Philipp Hildebrand: Monetary policy and financial markets, Speech by Mr Philipp Hildebrand, Member of the Governing Board of the Swiss National Bank, at the Schweizerische Gesellschaft für Finanzmarktforschung, Zurich, 7 April 2006.

[102] President of the Deutsche Bundesbank, at the CEPR/ESI 12th Annual Conference "The Evolving Financial System and the Transmission Mechanism of Monetary Policy", co -organised by the Bank for International Settlements, Basel, pp. 25 -26 September 2008.

[103] Pesaran, M. Hashem, and Ron P. Smith, Structural A-

nalysis of Co – integrating VARs, Journal of Economic Surveys 12, 1998, pp. 471 – 506

[104] Roger W. Ferguson, Jr: Understanding financial consolidation, Remarks by Mr Roger W. Ferguson, Jr., Vice Chairman of the Federal Reserve Board, at a conference sponsored by the Securities Industry Association and the University of North Carolina School of Law, New York, 27 February 2001.

[105] Rudebusch, G., 1995. What are the lags in monetary policy? FRBSF Weekly Newsletter, February 3, Federal Reserve Bank of San Francisco.

[106] Sims, C. A., 1992. Interpreting the macroeconomic time series facts: the effects of monetary policy. European Economic Review, 36 (5): pp. 975 – 1000.

[107] Soderlind Paul, 2005. Taylor rules and the predictability of interest rates. Macroeconomic Dynamics, 4: pp. 412 – 428.

[108] Transmission mechanisms for monetary policy in emerging market economies – BIS Papers No 35, January 2008.

[109] Taylor, John B., 1993, "The Monetary Transmission Mechanism: An Empirical Framework", Journal of Economic Perspectives, Vol. 9, No. 4, pp. 11 – 26.

[110] Tobin, James, 1969, "A General Equilibrium Approach to Monetary Theory", Journal of Money, Credit and Banking, February, pp. 15 – 29.

[111] Tadesse, S. (2002): Financial Development and Technology; The Moore School of Business Wortcing Paper, The University of South Carolina, Columbia.

[112] Weise, C., 1999. The asymmetric effects of monetary policy: a nonlinear vector autoregression approach. Journal of Money

Credit and Banking, 31: pp. 85 – 108.

[113] Zhou Xiaochuan (2004): Some considerations in the study of monetary policy transmission, Speech by Mr Zhou Xiaochuan, Governor of the People's Bank of China, Beijing, 13 April 2004.

后　记

在本书即将完成之际，写下“致谢”两个字，心中无限感慨。回眸过去，一路走来，需要感谢的人太多，实在是这些简单的文字所不能表达和承载的。

首先要感谢我的导师吴军教授，从他身上我学到的不仅仅是知识，更多的是做人的道理。吴老师严谨求实的治学态度、精益求精的工作作风、诲人不倦的师者风范，始终感染着我、激励着我。导师的谆谆教导，如春风化雨，润物无声，使我受益终身。

同时，我要感谢金融学院为我授业解惑的老师们：丁志杰教授、邹亚生教授、何自云教授、吴卫星教授、邱兆祥教授、刘亚教授、齐天翔教授、郭敏教授、刘立新教授等，在我撰写本书的过程中，他们都给予了我热切的关心，并且提出了宝贵的建议。金融学院研究生办公室的崔凯老师，在工作和学习中，给予了我极大的信任和鼓励。在此，我向各位老师表达我最诚挚的敬意和感谢！

感谢文中所引用文献的编、著、译者，并向在百忙之中抽出时间评审我著作的专家、学者，以及答辩委员会的各位老师一并致谢。

还要感谢我的同门王蓓、杨玉玲、曹淑艳、李伟平、单欣欣、夏令武、吴革、李艳、李永龄等，一起走过的日子将成为我美好的回忆。对于以上提到的和没有提到的所有关心和帮助我的师长、同学、朋友，谨致以我深深的谢意。

最后，要特别感谢我的家人，他们赐予我最无私、最温暖的爱，我点点滴滴的成长与进步，都凝聚了他们的心血与汗水。我深知，唯有不断的努力前行才是报答他们养育之恩的最好方式。

求学生涯暂告段落，但求知的脚步将永不停歇。“长风破浪会有时，直挂云帆济沧海”这是我最喜欢的诗句，以此做结，与所有要感谢的人共勉，祝福大家！

2010 年 3 月